手塚治虫の霊言

復活した〝マンガの神様〟、夢と未来を語る

大川隆法
Ryuho Okawa

本霊言は、2011年6月1日、幸福の科学総合本部にて、
公開収録された（写真上・下）。

まえがき

創作の面白さや厳しさについて、フト考えると、時折《ときおり》、手塚治虫《てづかおさむ》のことを思い出してしまう。

私にはマンガ家との出会いはそう多くはない。しかし、東大教養学部の駒場祭《こまばさい》で、九百番教室に手塚氏をお招きした時の感激《かんげき》は、四十年経《た》った今も忘れない。とにかくユーモアがあって、口で語るより、絵を描くほうが早いのだ。仏頂面《ぶっちょうづら》（ぶあいそうな顔つき）をした東大生たちがドッと笑うのだ。

その十数年後（一九九一年）、私も東大本郷《ほんごう》の時計台の前で五月祭《ごがつさい》に「黎明《れいめい》の時代」という講演をやって、二千人以上集めたが、「正義の味方」を語った手塚氏とは違って、芝生《しばふ》の上でノートを広げてメモを取る学生が多かった。

同じく創造力を求めた二人の価値観の違いがよく表れていて、本書はクリエーターを目指す人たちにとっては、貴重《きちょう》なヒント集になるだろう。

二〇一六年　三月十九日

幸福《こうふく》の科学《かがく》グループ創始者兼総裁《そうししゃけんそうさい》　大川隆法《おおかわりゅうほう》

手塚治虫の霊言　目次

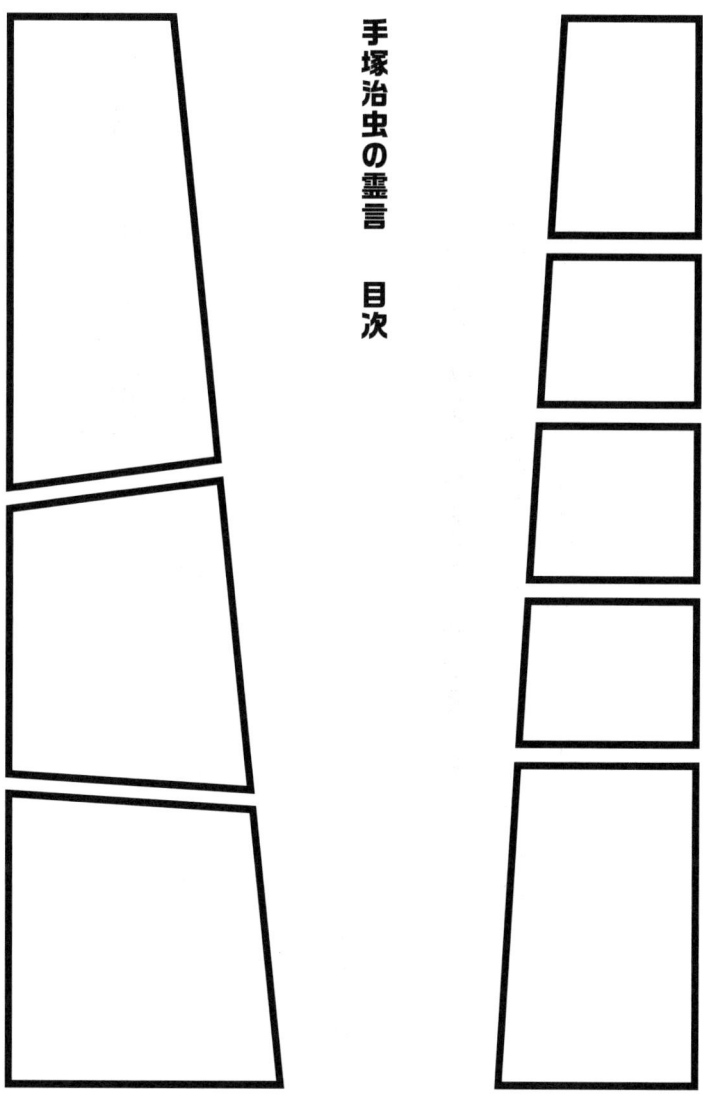

手《て》塚《づか》治《おさ》虫《む》の霊《れい》言《げん》

――復活した〝マンガの神様〟、夢と未来を語る――

二〇一一年六月一日　収録
東京都・幸福の科学総合本部にて

7　手塚治虫の正体は宇宙人？

8　手塚治虫は幸福の科学の映画をどう見ているか

10 もし今、手塚治虫が映画をつくるなら 209

「霊言現象《れいげん》」とは、あの世の霊存在の言葉を語り下ろす現象のことをいう。これは高度な悟《さと》りを開いた者に特有のものであり、「霊媒現象《れいばい》」（トランス状態になって意識を失い、霊が一方的にしゃべる現象）とは異なる。

なお、「霊言」は、あくまでも霊人《れいじん》の意見であり、幸福の科学グループとしての見解と矛盾《むじゅん》する内容を含《ふく》む場合がある点、付記しておきたい。

手《て》塚《づか》治《おさ》虫《む》の霊《れい》言《げん》

――復活した〝マンガの神様〟、夢と未来を語る――

二〇一一年六月一日　収録

東京都・幸福の科学総合本部にて

手塚治虫《てづかおさむ》（一九二八～一九八九）

マンガ家。大阪《おおさか》大学附属《ふぞく》医学専門部卒。医学博士。『鉄腕《てつわん》アトム』『ジャングル大帝』『火の鳥』『ブラック・ジャック』『ブッダ』等、数々のヒット作を発表し、〝マンガの神様〟と呼ばれる。また、作品のアニメーション化に取り組み、日本のアニメ製作に多大な影響《えいきょう》を与《あた》えた。勲《くん》三等瑞宝章《ずいほうしょう》受章。

質問者　※質問順

斎藤哲秀《さいとうてっしゅう》（幸福の科学編集系統括《とうかつ》担当専務理事　兼《けん》

HSU未来創造学部芸能・クリエーターコースソフト開発担当顧問《こもん》）

〔収録時点・常務理事　兼　第一編集局長〕

鴇田淳《ときたあつし》（幸福の科学第四編集局部長）〔収録時点・第一編集局担当部長〕

栗崎愛子《くりさきあいこ》（幸福の科学常務理事　兼　国際本部副本部長）

〔収録時点・常務理事　兼　宗務《しゅうむ》本部第二秘書局長〕

1　マンガの神様・手塚治虫《てづかおさむ》を招霊《しょうれい》する

手塚治虫《てづかおさむ》から「霊言《れいげん》をしたい」という感じを受けていた

大川隆法　手塚治虫《てづかおさむ》さんについては、二〇一一年（収録当時）、映画「ブッダ」（「手塚治虫のブッダ――赤い砂漠《さばく》よ！　美しく――」）が上映されるということで、四月ごろから、何か、霊言《れいげん》をしたいような感じを受けていました（注。その後、二〇一四年二月に劇場版第二弾《だん》「BUDDHA2《ブッダ》手塚治虫のブッダ――終わりなき旅――」が公開された。また、劇場版第三弾も公開予定と発表されている）。

ただ、その映画を観《み》てもいないのに霊言を収録して、外《はず》れてもいけないと思い、やらずにいたところ、昨日《きのう》、たまたま観に行くチャンスがありました。まあ、だいたい予想どおりの内容ではありましたし、私はあまりコメントする立場にもないのですが、だいたい頭には入ったということです。

さて、手塚治虫さんが亡《な》くなってからしばらくたちましたが、このアニメ映画を契機《けいき》に、しばらく「見直し」というか、ブームのようなものが起きる可能性もあるでしょう。また、当会としても、アニメ映画をつくったり、マンガをつくったり、いろいろしていますので、何らかの参考になるようなことも言ってくださるかもしれません。

あるいは、今回の映画は「仏陀《ぶっだ》」をテーマにしているので、そのあたりの考え方が引き出せるかどうかということもあります。

なお、昨日観たところ、全日本仏教会が推薦《すいせん》しており、さらに、立正佼成会《りっしょうこうせいかい》も協力していました。

ところが、原作であるマンガは潮《うしお》出版社から出ていて、これは創価学会《そうかがっかい》系の出版社なのですが、創価学会は協力していません。創価学会系の潮出版社からマンガは出ているのですが、なぜか後援しているのは、立正佼成会や、全日本仏教会のほうであったようです。

いろいろなお寺に、この映画のポスターが貼《は》ってあった理由がそれで分かったのですが、どういう意味がこの裏にあるのか、私は、もうひとつ分かりかねています。

おそらく、当会が、映画「仏陀再誕」（製作総指揮・大川隆法。二〇〇九年公開）を上映したことも、今回の映画製作に、多少は〝触媒《しょくばい》〟になっているのではないでしょうか。（映画「ブッダ」の）原作のマンガそのものはだいぶ前に描かれているものですが、それをアニメ化するに当たっては、当会から何らかの影響《えいきょう》があったものと推定しています。

「仏陀再誕」（2009年公開／製作総指揮・大川隆法／幸福の科学出版／東映）

創作・創造のヒントや秘密を訊《き》いてみたい

大川隆法　ただ、手塚さん（の霊）からは、それ以外にも、創作・創造のヒントや秘密のようなものも、いろいろ頂けるかもしれません。

また、普通《ふつう》の人とは違《ちが》うので、あの世に還《かえ》られても、見ているもの、感じているものが違う可能性もあるでしょう。違った角度からのご意見を得られるのではないかという感触《かんしょく》を持っています。

いずれにしても、初めてですので、どのようになるかは分かりません。マンガ家ですから、しゃべって仕事になるかどうかは分からず、絵を描《か》かないと駄目《だめ》かもしれないのです。

ちなみに、私は生前の手塚治虫さんに一回だけ会っています。それは、東京大学の教養学部時代なのですが、学園祭にお呼びしたときに、お会いしているのです。（講演で）しゃべりながらも、マンガを描く手が止まらなくて、ホワイトボードだったでしょうか、パッパ、パッパと、絵をたくさん描いていました。しゃべりながら絵を描いていくのですが、描くのが速いこと速いこと、あっという間にマンガが描けてしまうのです。しゃべっているのか、描いているのか、分からないような感じではあったのですが、「ああ、さすがにプロというのは速いものだな」と思ったことを覚えています。

また、「ユーモアセンスが非常にある方だ」という感じはしました。「阪大《はんだい》（大阪《おおさか》大学）の医学部」ですから、勉強はできたのでしょうが、「勉強しないで、ノートにマンガばかり描いていた」という話をしていたのを覚えています。

ともかく、そのようなことが、いろいろ背景にはあるのですが、たまたま、「仏陀」というテーマにも当たりました。霊界《れいかい》に還られて二十年を越えましたが（収録当時）、お話を伺《うかが》ってみたいと思います。

（約二十秒間の沈黙《ちんもく》）

マンガ家、手塚治虫先生の霊よ。

どうか、幸福の科学総合本部に降りたまいて、われらに、その心の内を明かしたまえ。

手塚治虫先生の霊よ。

最近、アニメ映画「ブッダ」等についても知られておりますが、どうぞ、幸福の科学総合本部に降りたまいて、そのお考えなりを明かしていただき、また、いろいろとご指導を願いたく、お願い申し上げます。

手塚治虫の霊、流れ入《い》る、流れ入る。

手塚治虫の霊、流れ入る。

（約十五秒間の沈黙）

2　手塚治虫が観《み》た映画「ブッダ」の感想は？

「マンガ界の神様」といわれる手塚治虫

手塚治虫　うん。

斎藤　おはようございます。

手塚治虫　（頭を触《さわ》りながら）うん？　ベレー帽《ぼう》がない。

斎藤　（笑）本日は、ようこそ幸福の科学総合本部の礼拝室《れいはいしつ》にお出《い》でくださいました。

手塚治虫　まあ、（幸福の科学について）よくは知らないんだけど、「君らが知ってる」っていうから……。僕《ぼく》はよく知らないんだけど、「君らは、よく知ってる」っていうからさあ。

斎藤　ええ、ほとんどの日本人は、手塚治虫先生の作品について知っています。もう、すべての世代に広がって、愛されておりまして、特に「昭和」世代の方々は、それを見て育った方が、たくさんいらっしゃると思います。

手塚治虫　うーん。

斎藤　実は、手塚先生は、一九八九年に、胃ガンでお亡《な》くなりになったんですね。

手塚治虫　ああ、そうか。

斎藤　お亡くなりになっていますよね？

手塚治虫　ああ、ああ、それは知ってる。そのくらいは。君ねえ、バカにするんじゃないよ。

斎藤　すみません。最初に、失礼な質問をいたしまして。

手塚治虫　私は、あんた、死んだのが分からないほどのバカだと思っちゃ、とんでもないですよ。

斎藤　たいへん申し訳ありません。いや、先生のご活躍《かつやく》はですね、生前、六十歳《さい》で、胃ガンでご逝去《せいきょ》される前に……。

手塚治虫　うん、うん、うん。あれ、編集者に追い詰《つ》められて死んだんだよ。

斎藤　いやあ。たぶん、そうとう追い詰められて……。

手塚治虫　いやあ、もうみんな鬼《おに》に見えたね。

斎藤　しばしば〝缶詰《かんづめ》〟から逃《に》げておられたという逸話《いつわ》も聞いてます。

手塚治虫　それは、胃ぐらい穴が開《あ》くぜ、ほんとにねえ、君。

斎藤　以前、「ＮＨＫ特集」（一九八六年一月十日放送「手塚治虫・創作の秘密」）でも、そういうのをやっていまして、〝缶詰〟にされた先生のお姿が放映されていました。

手塚治虫　うーん、かわいそうだろ？　ほんとにな。君も〝缶詰〟になったらいいよ。気持ちが分かるからさあ。

斎藤　手塚先生は、生前、マンガ原稿を十五万枚ぐらいお描きになったということを調べた方がいるのですが……。

手塚治虫　あ、そう。暇《ひま》やな。うん。そうか。

斎藤　タイトルも七百作品以上も描いておられます。

手塚治虫　あ、そう。ふーん。

斎藤　とにかく、多産なマンガ家でいらっしゃって、特に、アニメも「鉄腕《てつわん》アトム」をはじめ、「リボンの騎士《きし》」「ジャングル大帝」など、さまざまな作品があります。日本では、「アニメの父」とも呼ばれていますし、「マンガ界の神様」ともいわれており、私は、本当に尊敬申し上げております。

手塚治虫　まあ、君、お上手《じょうず》がうまいなあ。

斎藤　えー、そうですか。いや、本気で言ってるんですけど。

手塚治虫　いけるじゃないか、なかなか。口がうまいじゃないか。熟練《じゅくれん》してるじゃない。

斎藤　熟練……（苦笑）、いえ、本心で申し上げておりますけれども。

手塚治虫　あ、君、元は、落語家かなんかから来た人だな？

斎藤　は？　落語家？　私は、落語家ではないですけど。

手塚治虫　落語家じゃないのか。

斎藤　はい。

手塚治虫　咄家《はなしか》かなんか、っていう。

斎藤　咄家でもございません。私は、今日、質問者というかたちで、させていただだきます。

手塚治虫　あ、そうか。

手塚治虫は、アニメ映画「ブッダ」をどう見るか

斎藤　それでですね、先ほど申し上げましたように、手塚治虫先生には、さまざまな作品が、昭和の世代からあるんですけど、今、平成になりましても、手塚先生の原作をもとにした「ブッダ」というアニメ映画が上映されております。

手塚治虫　もちろん知ってますよ。

斎藤　今回は、「赤い砂漠《さばく》よ！　美しく」というサブタイトルの付いている作品で、私もさっそく、観《み》に行かせていただきました。

手塚治虫　うーん。君、熱心やなあ。

斎藤　ええ。もう熱心で。手塚先生のファンですから。本気です。

手塚治虫　まあ、本気かねえ？

斎藤　はい、本気でございます。即《そく》、観に行きました。

手塚治虫　君、あのねえ。「ヨイショ落とし」は駄目《だめ》だよ。

手塚治虫作品紹介①『ブッダ』

【初出】「希望の友」1972年9月号

【ストーリー】釈迦族の王子シッダルタの生涯をオリジナルキャラクターを交えて描いた大河作品。

【エピソード】

○手塚氏は、作品を通して「一つの大河ドラマ、ビルドゥングス・ロマンを描いていきたい」と語った。

○仏陀について、「その深い広大な思想は歴史を超え、むしろ現代にこそ生かさなければならない最も新しい思想だと思う」と語っていた。

○連載期間12年は手塚作品のなかでも最長。

斎藤　（苦笑）あ、分かりました。
それでですね、実は、幸福の科学では、「仏陀再誕《ぶっださいたん》」というアニメ映画もつくっているのですが（製作総指揮・大川隆法、二〇〇九年十月公開）、手塚先生にとって、「仏陀」とはどのような存在なのでしょうか。

手塚治虫　君、マンガ家に、いきなりそんな〝難しい質問〟をしてはいけないんじゃないか。

斎藤　では、今、上映されている「ブッダ」の映画に対して、どんな感想をお持ちでしたか？

手塚治虫　マンガ家は、それを絵で答えなきゃいけないわな。「仏陀とはこんなもんだ」って、絵で答えなきゃいけない。

斎藤　手塚先生は、あの作品を、あの世の世界から見ていらっしゃいましたか？　そして、ご指導なさったんでしょうか？

手塚治虫　いちおう、自分の映画というか、原作の映画がかかるというのは……。（突然《とつぜん》、大川隆法のネクタイを手に取って見ながら）面白《おもしろ》いネクタイだな、これな。

斎藤　それは、大川隆法総裁のネクタイなので、あんまりいじらないほうがいいと思います（会場笑）。

手塚治虫　いや、私は、図柄《ずがら》とか、ちょっと関心があるからさ。

斎藤　ただ、手塚先生は、あまりネクタイをされていなかったと思いますけど。

手塚治虫　今、こんなのが売れてるのかい？

斎藤　ぜひ、ちょっとこちらのほうに意識を集中していただけないでしょうか。

手塚治虫　そうか、そうか。すまんな。ちょっと私は絵のほうに関心があるもんで。（さらに、大川隆法のスーツの袖《そで》を触りながら）面白いもの着てるんだな、これな。

斎藤　（苦笑）あのー、「ブッダ」は、どうでしたか？

手塚治虫　え？

斎藤　くどいようですが、あの世から、ご自分の作品を観られて、どんな感想をお持ちになりました？

手塚治虫　まあ、有名な人を声優に使っては、やってたんじゃないかなあ。あとは、絵は、私がいないから、責任はないけど。原作はあるから、うーん。なんか、君ら（質問者）からは、ちょっと印象が悪そうな感じが伝わってくるけどさ。まあ、観る人のレベルによって違《ちが》うようには見えるんだろうから。

「マンガを読むレベルは庶民《しょみん》層」と語る手塚治虫

手塚治虫　だいたい、マンガを読むレベルっていうのは、庶民《しょみん》層だからね。

斎藤　マンガは、庶民層に向けての発信なんですか？

手塚治虫　ああ、だから、君らみたいなインテリ層用なもんじゃないからさ。インテリでマンガを読むのはな、「外道《げどう》」っていうんだよ。

斎藤　え？（苦笑）

手塚治虫　だから、普通《ふつう》、読まないから、インテリはね。

斎藤　はあ。

手塚治虫　それから、インテリでマンガ家になるのも珍《めずら》しいからね。それも、めったにいないから。

　まあ、マンガっていうのは、庶民の娯楽《ごらく》なんだよ。だから、あんまり厳密《げんみつ》に、哲《てつ》学《がく》的に要求しちゃいけない。

斎藤　じゃあ、手塚先生は、〝あれ〟ですか？　「哲学的なこと」というよりは、あくまでも純粋に「フィクション」のほうなんですか？

手塚治虫　だから、君、マンガ家に「仏陀とは何か」なんてね、最初から間違ってるよ、だいたい。そのアプローチの仕方からいって、間違ってる。「あれは、どこが面白かったか」とか、「もうちょっと、こうしたほうが面白かったんと違いますか」とか、そんなあたりから行かないとだね、マンガ家っていうのは、やっぱり「思考」に耐《た》えられないんだよ。君、分かんないかなあ。

斎藤　いや、でも、「火の鳥」などの作品は、すごく哲学的な感じがしましたけど。

手塚治虫　そうお？

斎藤　ええ。素晴《すば》らしい。

手塚治虫　買いかぶりだよ。

斎藤　そうですかぁ。

手塚治虫　買いかぶりだよ、それは。君ね、宗教法人でそんなこと言われたら、困るなあ。

斎藤　いや、「生とは何か」「死とは何か」ということが、転生輪廻《てんしょうりんね》も含《ふく》めて描かれていましたけれども。

手塚治虫作品紹介②『火の鳥』

【初出】「漫画少年」1954年7月号

【ストーリー】永遠の命を持つ火の鳥と、時空間を超えて輪廻《りんね》変転する人間の業《ごう》を描いた大河作品。

【エピソード】
○仏教的思想を下地に手塚氏の人生観・生命観が最も濃厚に投影されているとされる代表作の一つ。
○幾度も誌面を移したり連載中断をしながらも、手塚氏自身がライフワークとして取り組んだ。
○エジプト・ギリシャ・ローマ・黎明《れいめい》・未来・ヤマト・宇宙・鳳凰《ほうおう》・復活・羽衣・望郷・乱世・異形・太陽編等、複雑に絡み合ったパートが存在する。

火の鳥のオブジェ（手塚治虫記念館）▶

手塚治虫　まあ、「ちょっとは、〝かじった〟」ということだけどさ。ご存じのとおり、私は（締め切りに追われて）、ほとんど〝缶詰〟だからさあ。もう、〝イワシの缶詰状態〟だからさ。そんなもん、だんだん勉強してる暇がなくなってるからさ。君らが言うような、そんな「哲学」なんていうことを言われたら、ちょっと困っちゃうんだよな。

うん、（哲学のほうは）〝浅い〟よ。

映画「ブッダ」が原作のイメージとは変わった理由

斎藤　今回、映画「ブッダ」のなかでは、チャプラという、主人公に近い役柄の人が出てきます。

手塚治虫　うーん。

斎藤　まあちょっと、細《こま》かい話で申し訳ないんですけども、コーサラ国に行って、戦争シーンとかもけっこう多くて、なんか、原作を読んだときの印象とは、ちょっと違いました。

手塚治虫　うーん。

斎藤　わりと激しいというか、人が死んでいくような姿もたくさん描かれていて、手塚先生の作品らしからぬ雰囲気《ふんいき》も感じたのですが、あのあたりについては、どうでしょうか。

手塚治虫　まあ、原作はもうちょっと、おどけたところが多い作品だからさ。あれは、映画にしたら面白くないんじゃないかな。

だから、「映画にして外れがない」っていうのは、だいたい、まあ、〝戦争もの〟

とかやると迫力《はくりょく》があってね、見応《みごた》えがあるっていうようなとこだろ？　おそらく、〝戦争もの〟にして、あれでしょ？　平和を説くブッダをぶつけて、対照的に、そういうメッセージを出したかったんじゃないかな。

斎藤　先生は、あの世に行ってから、地上にいる「映画の製作チーム」などのスタッフにインスピレーションを降ろしたりとか、そういう仕事はされてたんですか？

手塚治虫　するわけないだろう。

斎藤　え？　しないんですか？

手塚治虫　そんな暇な仕事するわけないでしょ、君。

斎藤　暇？

手塚治虫　うーん。お金を一円もくれんもん。

斎藤　（苦笑）いや、あの世では、物質的な〝お金〟っていうのは、あんまり関係ないと思いますが。

手塚治虫　アニメでは、赤字をつくって困ったんだからさ。ちょっとはねえ、もらわんと困るのよ。お布施《ふせ》ぐらいは。

斎藤　確かに、手塚先生のアニメの「虫プロ」での事業失敗は、たいへん有名な話でありまして。

手塚治虫　いや、何でも「先駆《さきが》け」は、きついからね、ほんとね。マンガまではよかったんだが、アニメはちょっときつかったね。

今は、こんなに、アニメも隆盛《りゅうせい》を極《きわ》めてるからいいけど、最初はきつかったなあ。一マンガ家では、やっぱりちょっと、アニメを背負うのはきつかったわ。

だから、君らがもっと早く出て、〝パトロン〟になってくれればなあ、楽だったのになあ。

斎藤　日本のアニメの草創期に、その生みの親が、お金で困ったんですね？

手塚治虫　それはそうだよ。だから、〝缶詰〟になって、描いて描いて描いて描いて、儲《もう》けようとして、一生懸命《いっしょうけんめい》やってたんだけど。マンガでねえ、アニメの穴を埋《う》めるっていうのは、なかなか大変なことで。

あっ、君らも、アニメ映画をつくってるんだろ？　食っていけてるのか？

斎藤　えっ、食って？　ちょっと待ってください。もちろん、人気が出ておりますので、ええ。

手塚治虫　あ、そう。それは大したもんだなあ。

斎藤　全世界で上映されております。

手塚治虫　やっぱり、宗教をつくってから、アニメ映画に入るべきだな。だいたい基本的には。だから、お客さんを先につくっとかなきゃ、成功しないよな。

斎藤　はい。たいへん人気がありまして、もう六作、七作というかたちになっております（収録当時）。

日本にアニメーション文化を導入した手塚治虫

幼少時から自宅の映写機でディズニーなどの映像に親しんできた手塚氏。夏休みに 100 枚の絵を描き、動く絵づくりに挑戦したこともあったという。将来、自分の手でアニメーションをつくってみたいという夢を抱いていた。

手塚氏は、旧制中学を卒業した 1945 年 4 月、勤労動員の休日に「桃太郎 海の神兵」（脚本・演出・撮影：瀬尾光世／松竹動画研究所）という日本製アニメーションを観た。その美しく立体的な描写、本格的な長編ストーリーに感涙。アニメづくりの夢はいよいよ膨らんでいった。

手塚氏は、1960 年公開の「西遊記」の製作時に声をかけられ、初めてアニメに携わる。翌年、手塚プロダクションに動画部を設立し、さらに 1 年後には虫プロダクションと改名。アニメづくりのためにマンガ執筆 20 年間でためた資金をすべて投入した。
なお、旧虫プロのあった東京都練馬区はジャパンアニメ発祥の“聖地”として、アニメ産業が数多く集まる。大泉アニメゲート（写真左）では、アトム像をはじめ、名作マンガの人気キャラクターを見ることができる。

手塚氏が「ぼくはアニメーションの手法はいま国際語ではないかという気がするのです」（手塚治虫『ぼくのマンガ人生』〔岩波書店刊〕から）と語っていたとおり、今、日本のアニメーション文化はクール・ジャパンの象徴として世界的に人気を博している。（右：外国の若者が数多く訪れる秋葉原の街）

手塚治虫　ほ、ほ、ほん、ほーん。

原作の「ギャグ」の部分がカットされていた映画「ブッダ」

斎藤　（鴇田《ときた》を指して）この人も、さっそく、映画「ブッダ」が公開されてすぐに観に行ったようです。

鴇田　あのー、初めまして。どうぞ、よろしくお願いします。

手塚治虫　うん、うん。オタクさんね。

斎藤　この人は編集のプロです。マンガを一万冊以上、軽く読んでいます。

手塚治虫　うん、そうだろう。顔もマンガじゃん。この顔だったら、マンガが描けちゃう。マンガになっちゃうね。

鴇田　（笑）（映画「手塚治虫のブッダ──赤い砂漠よ！　美しく──」のパンフレットを見せながら）映画が公開されましたので、さっそく、観てまいりました。

手塚治虫　君、（パンフレットを）持ってきたの。熱心だなあ。

鴇田　はい。個人的に、率直《そっちょく》に感じた印象としては、やはり、先ほどおっしゃっていたように、戦乱のシーンとか、「殺す、殺される」とかいうようなシーンが延々《えんえん》と続いていて、非常に暗い印象を受けました。

手塚治虫　うーん。

鴇田　観た感想としては、少しすっきりしない感じがあったのですが……。

手塚治虫　君みたいな人でもそんなこと言うわけ？　はあ。やっぱり、マンガ（原作）とアニメは違うんだ。はあ、はあ、はあ。

鴇田　こちらのパンフレットのなかに解説として入っていたのですけれども、実は、手塚先生の原作のほうは、シリアスシーンだけにならないように、ギャグを織り込《こ》んでいたようです。

手塚治虫　うん、そう。ギャグが多かったんだよな。

鴇田　しかし、映画のほうでは意図的にそのような部分はカットされています。

手塚治虫　うん、ギャグと映画とでは、全然合わないでしょう。ギャグを入れられたら、ちょっとたまんないんじゃないかなあ。

シリアスにしたんだろう、とってもね。スケールを大きくしたつもりなんだろう？

だから、「戦国絵巻《えまき》みたいなのをやって、そこにブッダを出してくる」っていうことで、多くの人を動員できると思ったのかな。「仏教ファンと、戦乱ものを見たいファンと、両方を惹《ひ》きつける」という作戦かな。

でも、仏教の基本テーマは、いちおう、「苦悩《くのう》からの脱出《だっしゅつ》、脱却《だっきゃく》」だろう？　その意味では、テーマ的には分かるというか、普遍性《ふへん》があるというか、まあ、そういうところはあったということだよ。

ただ、不満はきっと、だいぶあるだろうな。スケールを大きく、「ジャングル大《たい》帝《てい》」風にやりたかったんだろうなとは思うけどね。

だけど、「マンガ家がブッダに挑《いど》む」っていうのは、はっきり言って、なかなか大変なことだよな。「マンガ家が、ブッダをテーマにして描く」っていうのは。もし、元の（原作の）おどけたのをいっぱい描いたら、今度は、（全日本）仏教会のほうがきっと怒《おこ》り始めるからね。だから、そういうわけにもいかないんだよ。やっぱり、もっと真剣《しんけん》でなければ。

で、「真剣だけど、マンガで笑わせる」っていうのは、そう簡単にできることじゃないんだよな。それで、まあ、（映画は）あんな感じになったのかなあ。うーん。

映画ではあまり触《ふ》れられていなかった「ブッダの悟《さと》り」の部分

斎藤　そうすると、少し失礼に当たるのかもしれませんが、仏教の「悟《さと》り」そのものにはあまりご関心はなかったということでしょうか。

手塚治虫　君、ちょっとは〝入って〟いただろう？　ちょっとは。

斎藤　はい。ただ、「悟りに到《いた》るのだ」という感じで、ヒマラヤを登っていくシーンで終わってしまったので……。

手塚治虫　「四苦《しく》」っていうのは、「生《しょう》・老《ろう》・病《びょう》・死《し》」？

斎藤　はい。

手塚治虫　君、これがブッダの悟りの始まりでしょ？

斎藤　はい。

手塚治虫　もう「始まり」っていうのは、ほとんど「最後」まで同じなんだよ。

斎藤　はあ？

手塚治虫　「始まり」は「最後」であるんだよ。

例えば、私が「鉄腕アトム」を描けば、「鉄腕アトムが、手塚治虫」なんだよ。そんなようなもんなんだよ。だから、「生・老・病・死」でブッダは終わりなんだよ。

斎藤　「生・老・病・死」でブッダが終わり？

手塚治虫　（教えは）ほかにもたくさんあるんだろうけれども、それは付け足し的発展であって、結局、最後は「生・老・病・死」に戻《もど》ってくるんだよ。最初の悟りに、普遍性があるんだよ。

斎藤　ああ。わりとザックリした感じですか？（会場笑）

手塚治虫　まあ、そうしないと、あのねえ、君、マンガ家はね、絵で勝負するんであってね。

斎藤　ストーリーというよりは、絵ですか。

手塚治虫　そうそう。あんまり思想に入ったらね、「ストーリー性」が落ちるんだよな。これが、君らのアニメの苦しんでいるところだろう？　思想性に入ると、ストーリーのほうが落ちてくるからな。

斎藤　マンガは思想を落とし込むための手段ではないのですか。

手塚治虫　いや、思想を落とすための手段じゃないですよ。やっぱり、多くの人に楽しんでもらうようなものでしょう。

斎藤　「楽しんでもらう」というのがメインコンセプトなんですね。

手塚治虫　ええ。ただ、マンガ家にしては、ちょっとだけインテリだったために、やや教養マンガ風のものもあったからね。まあ、啓蒙《けいもう》マンガ風のところもあったとは思う。

斎藤　啓蒙マンガ？

手塚治虫　科学が発達する前に、「科学の時代」を描いたりな。そういうところはあったな。

3　手塚治虫の発想の秘密は？

手塚治虫の卒論は「マンガ」だった？

斎藤　手塚先生は、阪大《はんだい》の医学部を出られて、タニシの精子の研究で博士号も取っていて、すごいと思います。

手塚治虫　いやいや。本当に卒業しているかどうかは怪《あや》しいよ。

斎藤　え？　あれは嘘《うそ》なんですか？

手塚治虫　いや、まあ、卒業していることになってはいるけど、本当は知らないよ。

本当は知らない。だってマンガを描いてただけだからさ。

斎藤　本当にマンガしか描いていなかったのですか。

手塚治虫　ああ、マンガを描いていただけだからさ。そんなに授業なんか聴《き》いてないから。

斎藤　それで、よく博士号を取れましたね（笑）。

手塚治虫　いやあ、そこが難しいところなんだな。だから、卒論はマンガなんだ。

斎藤　卒論をマンガにしたんですか？

手塚治虫　うん。まあ、それは冗談《じょうだん》だけど。

斎藤　（笑）

手塚治虫　いやあ、いいかげんな時代だからさ。昔はほとんど、「大学」っていうほどのものじゃなかったんだよ。阪大の医学部と言ったって、そんなに。あの、今だったら難しいんだろう？

斎藤　はい。

手塚治虫　だから、昔はそんなもんじゃないんだよ、君。緒方洪庵《おがたこうあん》の流れを引く、ただの〝職

阪大医学部の前身である適塾に学んだ先祖・手塚良庵《りょうあん》

手塚家は代々医者を輩出している家系。高祖父・手塚良仙《りょうせん》は水戸藩の典医を務めたという記録も遺っている。『陽だまりの樹』には、大阪大学医学部のもとになった適塾の緒方洪庵（写真左）や塾生の福沢諭吉（写真右）らと、日本初の陸軍軍医となった曾祖父・手塚良庵との交流などが描かれている。

緒方洪庵（1810～1863）

福沢諭吉（1834～1901）

人集団〟なんだよ。

斎藤　はああ。

手塚治虫　手先の器用な人がいっぱい集まるところだから、手先の器用なマンガ家も一部、入っただけだよ。

マンガのストーリーの発想はどこから出てくるのか

鴇田　医学ということでは、手塚先生は、「ブラック・ジャック」という作品も描いています。

手塚治虫　ああ、「ブラック・ジャック」ね。評判もよかったけど、批判も強かったね。なんか、「あの医学はだいぶ、何十年か後《おく》れている」みたいな批判はけっこう強かったよね。まあ、最近のはよく知らないもんね。あんまり勉強する暇《ひま》もないしな。医者のくせに、ガンで死んじゃあ、格好《かっこう》悪いしな。

うーん。「ブラック・ジャック」ね。まあ、天才医師ね。ちょっとあれに憧《あこが》れて医者になった人もいるんじゃない？

鴇田　たくさんいると思います。

手塚治虫　うん、うん。その意味では、「功《く》徳《どく》」を積んだんじゃないかな。

手塚治虫作品紹介③『ブラック・ジャック』

【初出】「週刊少年チャンピオン」1973年11月19日号

【ストーリー】医師免許を持たず、法外な治療代を請求する謎の天才外科医が、難病に次々と挑んでいく。

【エピソード】
○最初は数回読み切りで終了の予定だったため、主人公の設定等がアバウトだったが、開始直後から大人気で長期連載化。手塚氏の代表作の一つとなった。
○自ら医師免許を持つ手塚氏には、他にも『きりひと讃歌』『陽だまりの樹』などの医療系作品がある。
○心臓外科医の渡邊剛《わたなべごう》氏その他、本作を読んで医師を志した人は膨大な数に上《のぼ》るともいわれている。
○本作以降、『ブラックジャックによろしく』『スーパードクターＫ』『ＪＩＮ－仁－』『医龍』など、医学テーマが一つのジャンルとして確立。また、本作のオマージュ作品として『ヤング ブラック・ジャック』もある。

斎藤　「ブラック・ジャック」では、宇宙人を手術する話（二百十一話・未知への挑戦）とか、小さくなってしまう奇病《きびょう》の話（五十一話・ちぢむ!!）とか、とにかく医学でも考えられないようなストーリーが、いろいろと展開しました。そのようなストーリーはどこから出てくるのでしょうか。

手塚治虫　それは君ねえ、もう、日ごろから夢想《むそう》するんだ。夢想。

斎藤　夢想？　「想像する」ということでしょうか。

手塚治虫　そのとおり。もう人生はね、君、夢想なんだよ。だから、現実を見てはいけないんだ。人生、現実を見ては、苦しいことしか見えないからね。「夢想を通して、現実を見る」んだよ。

斎藤　マンガ家は夢想を通して、現実を見るのですね。

手塚治虫　うん。例えば、君の顔を見ながら、「スーパーマンによく似てるな。これでスーパーマンの絵を描いたらどうなるかな」とか、こう（絵を描くしぐさをしながら）、考えるわけよ。

斎藤　手を動かしながら考えるのですか。

手塚治虫　「眼鏡《めがね》を取っただけで、人は本当に騙《だま》されるだろうか」とか、私だったらそんなことを考えるわけね。

斎藤　はあ。

手塚治虫　「眼鏡を取って、髪《かみ》（の分け目）を反対側に持ってくる。それで、スーパーマンに見えるだろうか」とか、この顔を見て考えちゃう。まあ、そんなことを考えているわけ。

斎藤　では、毎日、落ち着きがないですね。

手塚治虫　そんなことはないよ。それは、「創造性豊かな生き方」じゃない？　人生じゃない？

だから、まともにあなたと対決しないわけよ。あなたの顔をマンガにして、考えているわけ、私なんかは。

斎藤　常に映像化して、夢想しているんですね。

手塚治虫　そう、そう、そう、そう。そういうふうにして考える。「(髪の毛を右側に寄せるしぐさをしながら) 髪の毛をこっちに寄せて、眼鏡を取って、自分の彼女を騙せるだろうか」と、こんなことを考えるわけよ。

斎藤　触《ふ》れるもの全部をそのように考えるのですか。

手塚治虫　ええ。

斎藤　(笑) はあ。

アニメ映画の先駆者《せんくしゃ》の一人、ウォルト・ディズニーの勉強は必要

斎藤　手塚先生は、「お芝居《しばい》や踊《おど》りが好きで、宝塚《たからづか》にもよく通われた」という逸話《いつわ》もあります。

手塚治虫　まあ、それはね、いろんな経験はないとできないですから。

斎藤　手塚先生は、落語《らくご》好きでもあるそうですが、特に映画が好きだと伺《うかが》っています。映画もたくさん観《み》られたんですか?

手塚治虫　映画もいろいろ観ましたよ。それは観ましたけれども、まあ……。

斎藤　大川隆法総裁の『創造の法』(幸福の科学出版刊)という本のなかに、手塚先生のエピソー

幼少時から宝塚歌劇に親しんだ手塚治虫

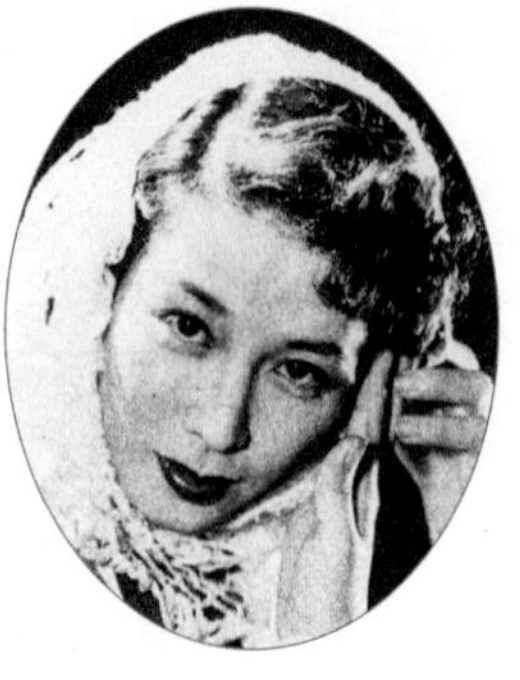

兵庫県宝塚市は手塚氏の出身地。近くには宝塚大劇場があり、幼少時から何度も観劇している。阪大時代には「歌劇」や「宝塚グラフ」に4コママンガを執筆するとともに、学生劇団「学友座」に役者として出演するほどの演劇好きだった。また、『リボンの騎士』の主人公は、月組スターの淡島千景《あわしまちかげ》(写真左)がモデルとされる。「少女クラブ」1953年1月号から連載された「リボンの騎士」は少女マンガの草分け的存在であり、のちの女性マンガ家たちに大きな感化を与えた。

ドが出ていました。「彼は映画を一年間に三百六十五本余り観ていて、あんなに〝缶詰《かんづめ》状態〟で大変なのに、なぜ映画を観に行けたのだろう。すごいエネルギーだ」というようなことが書かれています。

手塚治虫　へええ。まあ、それは嘘かもしれないけどね。

斎藤　え？（笑）

手塚治虫　まあ、昔の映画って、君、知ってる？　三本立てとか四本立てというの……。

斎藤　ああ、昔、そういうのがありましたね。ええ。

『創造の法』
（幸福の科学出版刊）

手塚治虫　うん。安いのがよくあったのよ。学生用にね。

斎藤　昭和の時代ですね。

手塚治虫　たくさん観せてくれるの、あっただろう? まあ、そういうのはだいたいポルノ系だよな。安いんだよな。

斎藤　えっ、それを観たんですか?

手塚治虫　そんな、冗談だよ、君。慌《あわ》てんなよ。

斎藤　(笑)いえいえ。いや、本気にしやすく信じやすいタイプなんです、私。

手塚治虫　引っ掛《か》けただけじゃないか。何言ってんだ。君が観たかどうか確認しただけだね。

斎藤　大川隆法総裁は手塚先生のことを、「ディズニー映画『バンビ』を八十回も観て、しかも、とても細《こま》かいところまで全部観ていたので、すごく研究熱心だ」というご紹介《しょうかい》をなされていました。

手塚治虫　うーん……、でも、まあ、八回しか観ていなくても「八十回観た」と言うのがマンガ家だから、まあ、それは分からないけどさあ。

斎藤　え？　意外とオーバーに感じるんですね（笑）。

手塚治虫　いや、ディズニーは（アニメの）先駆《せんく》者《しゃ》の一人だからね、やっぱりディズニーの勉強は必要だよな。「魔法《まほう》の世界」がもういっぱい描かれているし、「ファンタジーの世界」を描いているからね。うんうん。

斎藤　手塚先生は、ウォルト・ディズニーを尊敬していたんですか？

手塚治虫　いや、尊敬していたというか……、まあ、大したもんだとは思ったよ、うんうん。やっぱり二十世紀を代表するような、進んでいるアメリカ文化の一つじゃないか。

ウォルト・ディズニーと手塚治虫

○大のディズニー映画好きだった手塚氏は、作品が上映されていると知ると、同じ作品を何度も繰り返して観ていた。例えば、「ガリバー旅行記」は30回、「白雪姫」は50回観たというが、とりわけ、フェーリクス・ザルテン原作の『バンビ』（左）のアニメ化作品に魅せられ、80回も観たと語っている。なかには、九州で上映していると聞き、飛行機で駆けつけたこともあるという熱心さだった。
○1964年のニューヨーク万国博会場では、偶然、ウォルト・ディズニーと対面。『アストロボーイ』の作者だと打ち明けたところ、「みごとな作品です。非常に興味深い科学物語です。これからの子ども達は、宇宙に目を向けます。私もひとつ作ろうと思う」と言われて感激。その後、折に触れてディズニーの言葉を思い出し、生涯にわたって手塚氏を支えたという。

マンガを高級文化にする革命を起こそうと日本に生まれた

手塚治虫　（質問者を見て）うん？　あなたはなあに？

栗崎　宗務《しゅうむ》本部（収録当時）の栗崎と申します。よろしくお願いします。

手塚治虫　ふーん、知らんなあ。悪口を言いにきたんだろう？

栗崎　（笑）すみません。昨日《さくじつ》、私は映画「手塚治虫のブッダ」を観たのですけれども、ディズニーを尊敬と言いますか「すごかった」と思っていらっしゃるわりには、ずいぶん描き方が違《ちが》ったというか……。

手塚治虫　もう死んでいるからねえ。

栗崎　でも、「美しさ」はなかったですよね。

手塚治虫　いや、そんな……。「赤い砂漠《さばく》よ！　美しく」ということで〝祈《いの》ってる〟のよ。「美しくなって」って言ってるじゃないの？　ねえ。

栗崎　先ほど、手塚先生は「思想より絵のほうで勝負する」とおっしゃっていたんですけれども、それでも、私は、あの映画を観て「美しい」とは一度も感じられませんでした。

手塚治虫　まあ、それは、描いている人は、ほかの作品も描いているような普通《ふつう》のアニメーターをかき集めてやっているのでねえ、まあ……。

君、厳しいねえ。何だ？　何？

栗崎　いや、私は、あの……。

手塚治虫　宇宙人？

栗崎　あ、はい。〝宇宙人〟でございます（笑）（注。以前の宇宙人リーディングで、栗崎の魂《たましい》はプレアデス星人であることが判明している。『ベガ・プレアデスの教育について訊《き》く』〔宗教法人幸福の科学刊〕参照）。

手塚治虫　ああ、そうか。うん、宇宙人は厳しいなあ。「美の世界」から来たんだろう？

栗崎　はい。「美」に関してはちょっと厳しく……。

『ベガ・プレアデスの教育について訊く』
（宗教法人幸福の科学刊）

手塚治虫　まあ、君のところの星には、マンガがないんじゃないか？

栗崎　はい。私自身も、マンガはあまり読んだことがないんですけれども……。

手塚治虫　マンガを入れなさい、マンガを！　君ね、私は、マンガを高級文化にするために革命を起こそうとして、日本に生まれたんだから。

栗崎　うーん……。

手塚治虫　今、日本で「世界一流」って言えるのは、マンガと、あとはアニメぐらいしかないいんだからさあ。

栗崎　はい。ただ、大川隆法総裁がつくられているアニメは、とても美しい世界ですし……。

手塚治虫　ほんと？　本当。ああ、そう。

栗崎　はい。私は、もう何度もそれを観ています。

手塚治虫　そんなに美しいの？　ふーん。

霊界《れいかい》で映画「仏陀再誕《ぶつださいたん》」を観《み》た感想

栗崎　手塚先生は、そちらの世界で、大川隆法総裁がつくられた映画「仏陀再誕《ぶつださいたん》」はご覧になったのでしょうか。

手塚治虫　うん。あ、霊界《れいかい》で観《み》れるよ。うん、いちおうは取り揃《そろ》えてあるよ。関心があるものについては、観ることは可能だよ。

栗崎　「仏陀再誕」をご覧になって、どう感じられましたか？

手塚治虫　うーん……、まあ、現代ものだったよね。現代ものだったから、教団のPR色が非常に強い感じを受けたね。

今回の私の「ブッダ」のほうは、いわゆる仏陀時代の仏陀というか、二千五百年前という設定で、一部は史実に基《もと》づいて、一部は創作ではあったけど、みんなの仏陀のイメージって、時代的には二千五百年前で止まっているんだよね。

だから、「仏陀を現代に持ってきたらどうなるか」というのは、これも一種の創作の世界なんだよね。あなたがたは「二千五百年、移動させたらどうなるか」というのを描いたんだから、まあ、何と言うか、それはそれなりの創造だとは思うけどなあ。

ただ、まあ、うーん……、どうだろうねえ……。やっぱり、ちょっと教団PR色が強いんじゃないかなあ。だから、一般《いっぱん》の人を巻き込《こ》むには、少しだけ足りないような感じはしたけどなあ。

栗崎　内容は、難しく感じられましたか？

手塚治虫　うーん……。ま、「非現実性」という意味では、マンガ的要素を持っていたとは思うけど。UFOが出てきたり、東京ドームか何かに白象《びゃくぞう》が出てきたり、津波《つなみ》……、津波は非現実じゃなかったな。あれは現実だったか（作中、邪教《じゃきょう》の霊能者が津波の集団幻覚《げんかく》をつくり出すシーンがある）。

まあ……、ちょっと、「超能力《ちょうのうりょく》対決」みたいになってはいたけどねえ。

そういうかたちで仏法真理《ぶっぽうしんり》を描いたということなんだろうけど、やっぱり、目に見えるかたちでなきゃ描けなかったんだろう？

だから、あなたがたは「超能力対決」風に描いたのを、僕《ぼく》らのほう（映画「ブッダ」）は戦乱のスペクタクルのなかで描いていて、そのなかで「無常《むじょう》」を感じるというところでね。「生《しょう》・老《ろう》・病《びょう》・死《し》」に、「無常」ね。それから、この世を捨てる「出世間《しゅっせけん》」ね。そんなようなところをやったのと、そうだねえ、まあ、あのとおり、人間の命が軽かった時代であったことは事実だろうからねえ。

今、幸福の科学の「宇宙」の教えを勉強中

手塚治虫　あなたがたの映画は、あまり「死」が出てこない映画じゃなかったかな？

栗崎　ああ、そうですね。ですから、ちょっと、私からすると、もう残酷《ざんこく》すぎて……。

スペクタクルシーン満載の映画「仏陀再誕」から

映画「仏陀再誕」では、現代日本を舞台に、集団幻覚を引き起こして人々を操ろうと画策する邪教団教祖と現代に再誕した仏陀との超能力対決シーンなどが描かれている。

手塚治虫　うーん。でも、あなたがたの映画は、津波が来ても人は死なないんでしょう?

栗崎　そうではなくて、手塚治虫先生の映画「ブッダ」のほうが……。

手塚治虫　うん? 私のほう?

栗崎　もう残酷すぎて、ずっとは観ていられなかったんですけれども……。

手塚治虫　それは……。そうですか。まあ……。

栗崎　はい。「教え」もありませんでしたし。

手塚治虫　まあ、あのねえ、やっぱり、ステーキでも、「血を見たい人」もいるし、「よく焼けたのがいい人」もいるし、まあ、人によって差はあるからねえ。

栗崎　いや、血を見て喜ぶ人は少ないと思います。

手塚治虫　いや、おいしいんだって。

栗崎　いやあ、〝食べること〟を考えてはいないと思いますけど。

手塚治虫　（地球に）ドラキュラ系のレプタリアン（爬虫類型《はちゅうるい》宇宙人）がいっぱい来ているんでしょう？　だから、それは、みんな、レアとミディアムレアでないと（人間を）食べられないっていう……（『ドラキュラ伝説の謎《なぞ》に迫《せま》る』〔幸福の科学出版刊）参照）。

栗崎　けっこう宇宙のこともお詳《くわ》しいんですね。

手塚治虫　あ、そうなのよ。今、勉強中なのよ。うん。勉強してるのよ。ちょっと、あなたがたが面白《おもしろ》いことをしてて、今、面白いよな。あれ、マンガのネタになるものがいっぱいあるよ（注。二〇一〇年一月一日に「『宇宙の法』入門」（『「宇宙の法」入門』（幸福の科学出版刊）参照）を説いたのを契機《けいき》に、続々と「宇宙人リーディング」を収録、四十冊以上を発刊している）。

栗崎　はい。

『ドラキュラ伝説の謎に迫る』
（幸福の科学出版刊）

『「宇宙の法」入門』
（幸福の科学出版刊）

手塚治虫　いいマンガ家がいたら、いくらでも描けるよ、宇宙人の〝あれ〟ねえ。

4　手塚治虫は今、どんな世界にいる？

手塚治虫は〝創造オタク〟の世界にいる

斎藤　宇宙に関心がおありなんですか。生前の作品にも、『鉄腕《てつわん》アトム』をはじめ、『マグマ大使』や『三つ目がとおる』とか、体をミクロ化して小さくさせた『ミクロイドＳ《エス》』などのように、さまざまなＳＦ系のテーマのものがありますけれども、やはり、今も、宇宙については勉強中なんですか？

手塚治虫　まあ、「勉強中」という言い方は〝あれ〟かもしらんけど、私ね、「創造」に関心があるからさあ。

神様っていうのは、まあ、考えつくかぎりの創造を宇宙でやっているような感じがするんだよね。

だから、マンガ家として創造力の限界に挑戦《ちょうせん》して、どこまでつくり出せるかっていうようなこと？　限られたものかもしれないけれども、「マンガ」という手段を通して、ある意味で「神様の気分」も味わっているわけよ。

斎藤　ああ、なるほど。マンガ家というのは創造ができるので、キャラクターを通して〝神様の感じ〟というものを感じているんですか？

手塚治虫　感じてるの。やっぱり、（絵を）描くから小説家よりもさらに自由でしょう？

斎藤　うーん。「生きる」のも「死ぬ」のも自分で決められますからね。

手塚治虫　うんうん、そうそう。いろんなものができちゃうからね。だって、マンガだったら、死なせても復活させても、そんなの自由じゃない？　まあ、例えばの話ね。

斎藤　あの世に還《かえ》られて、今あれですか、どんな世界にいらっしゃるんですか？

手塚治虫　うーん……。そうだねえ、やっぱりマンガの世界かなあ。

斎藤　マンガの世界？　マンガ家がたくさんいらっしゃるんですか？　どなたかお知り合いの方はいらっしゃいますか？

手塚治虫　うーん、まあ、君みたいなのがいっぱいウロウロしているよ。

斎藤　「君みたい」って言われても、私もよく分からないんですが……。あまり変なことは言わないでください（笑）。

手塚治虫　へへへへへへ……。

斎藤　もう少し言葉に責任を持ってください（笑）。

手塚治虫　いやあ、アッ、ハハ……。まあ……、オタクが集まってるような世界。

斎藤　オタクの世界ですか？

手塚治虫　うーん、まあ、そういう〝創造オタク〟がいっぱい……。

斎藤　創造オタク？

手塚治虫　うん。だから、「面白《おもしろ》いこと」を考えるようなのがいっぱい集まっているんじゃないかなあ。

〝創造オタク〟の世界は、マンガ家だけとは限らない

斎藤　その世界には、特にマンガ家が多いんですか？

手塚治虫　マンガ家とは限らないよな。

斎藤　へええ。

手塚治虫　まあ、ほかの人もいるんじゃないか。おたくにもピョンピョン跳《は》ねる先

生がいたじゃないか。なんか、政治に出ていた人もいたよな？

斎藤　「ピョンピョン跳ねる」方《かた》というのは、もしかするとドクター・中松《なかまつ》のことですか？（注。ドクター・中松氏は、二〇〇九年衆議院選挙、二〇一〇年参議院選挙において、幸福実現党から立候補した）

手塚治虫　うんうん。まあ、あんな人も、どうせ、近いところに来るんじゃないの？

斎藤　マンガ家の〝創造オタク〟の世界に？　あ、それでは、創造を生み出す世界なんですね。

手塚治虫　そうなんですよ。「創造を生む世界」というのが一つあるのよ。

斎藤　ああ。発明家とかインスピレーションとか、そういう世界ですか？

手塚治虫　ああ、うん、そうそうそう。そんなことをいろいろ思いつくような人は……。

斎藤　そういうことを毎日考えてばかりいるんですね。

手塚治虫　ああ、そうそう。いろんなことを夢想《むそう》しているような人、発明したり、夢想したり、考えたりしているようなね。まあ、インスピレーションを受けて喜んで、いろんな仕事をしているような人たちがいっぱい寄ってくるね。

だから、「君、何をつくり出したの？」っていうような感じの……。

斎藤　ああ。もう名刺《めいし》代わりに「何をつくったのか」という感じですか？

手塚治虫　挨拶《あいさつ》代わりに、「君は何をつくったの？」というような感じの、まあ、そんな……。

斎藤　挨拶代わりに。ああ。では、マンガだけとは限らないんですね？

手塚治虫　限らない、限らない。

斎藤　今は、マンガだけに限らない創造の世界にいらっしゃるんですか？

手塚治虫　うん。そうそうそう。だから、まあ……、それは、エジソンさんなんかとだって、たまには会うよ。

斎藤　え!?　エジソンは「科学」の世界の方《かた》ですけれども……。

手塚治虫　うーん、でも、まあ、関係あるもん。

斎藤　え?　そうですか。

手塚治虫　うん、関係ある。

斎藤　ＳＦや科学への関心というところですか?

手塚治虫　うんうんうん、そうそうそう。関係あるからね。

ああいう人たちだって、まあ、地上にインスピレーションを降ろしているんだろ

トーマス・エジソン（1847 ～ 1931）アメリカの発明家。

うけれども、私もそういうふうになる準備をしているわけだからさ。

手塚治虫はマンガの悟《さと》りを開いた〝マンガ界の仏陀《ぶっだ》〟

斎藤　ちなみに、その世界には、どんな方がいらっしゃいますか？　ぜひ霊界《れいかい》の事情を教えてください。

手塚治虫　うーん……、そらあもう、マンガで描けるかぎりの人がいらっしゃるんですよ。

斎藤　例えば？　最近だと石ノ森章太郎《いしのもりしょうたろう》さんや藤子《ふじこ》・Ｆ《エフ》・不二雄《ふじお》さんのような、トキワ荘《そう》でご縁《えん》のあった日本のマンガ家もいらっしゃいますか？

手塚治虫　ああ、まあ……。

手塚治虫とトキワ荘のマンガ家たち

東京都豊島区にあった2階建てアパート「トキワ荘」には、1953年、手塚氏が「漫画少年」の編集者からの紹介で14号室に入居したのを皮切りに、同誌に縁のある若手マンガ家が次々と入居。数多くの人気マンガ家を輩出し、後年、マンガの"聖地"として有名になった。
(左：取り壊しをする直前、1982年当時のトキワ荘)

トキワ荘見取図と主な出身者

手塚氏自身は1953年の年初から翌年の10月まで入居。トキワ荘の退去時、手塚氏が藤子不二雄の両氏に声をかけてあげたため、二人はその空き部屋に入居するという幸運に恵まれた。その後、入居者はリーダー格の寺田ヒロオ氏を中心に「新漫画党」というグループを結成。お互いの作品を論評し合ったり、各人のマンガ締切時にはアシスタントに回って助けたりと、新進マンガ家たちにとって恰好の研鑽の場になった。

現在、トキワ荘跡地には記念のモニュメントが建っている。

(図：『トキワ荘青春物語』〔蝸牛社刊〕鈴木伸一氏の解説を参考)

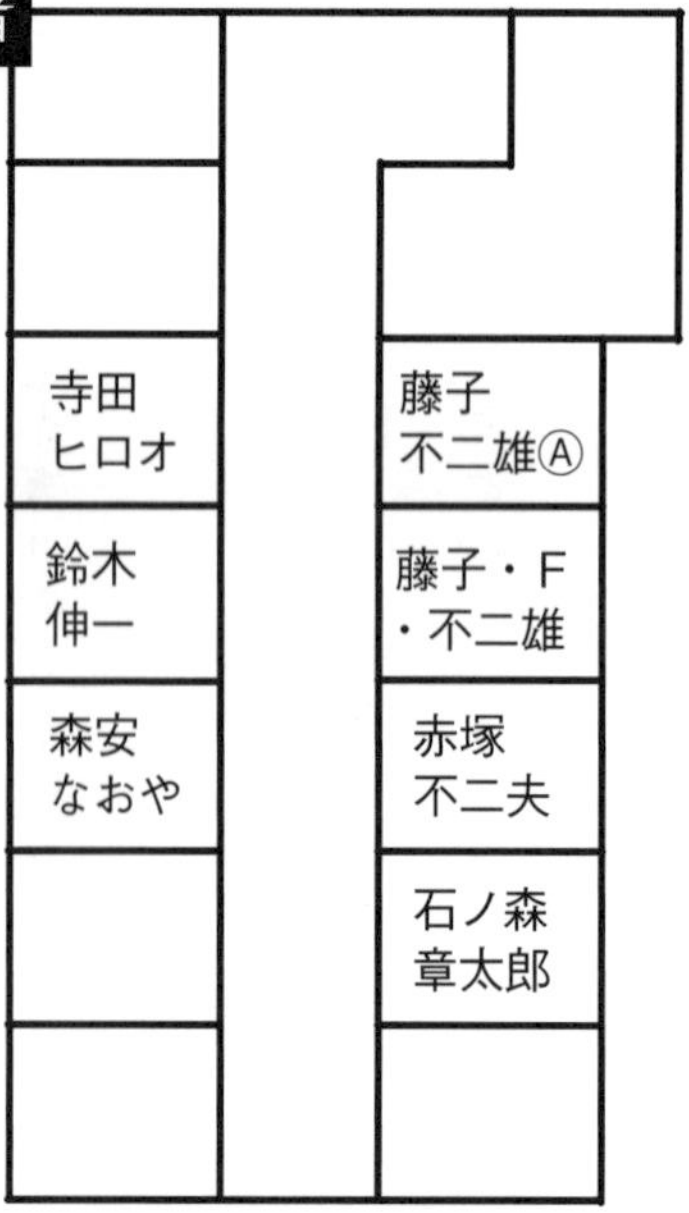

斎藤　あまりいないのですか？

手塚治虫　うーん……。まあ、ちょっと、格が若干《じゃっかん》違《ちが》うらしいなあ。

斎藤　格が違う？　では、手塚先生のほうが「上」なんですか？

手塚治虫　あ、いやあ、言い方に気をつけないと、ちょっと祟《たた》りが……。

斎藤　ああ、分かりました。すみません。それでは、比較《ひかく》はやめておきましょう。

手塚治虫　祟りがあるから、まあ、それは……。ちょっとだけ〝あれ〟のようだな、うーん。

斎藤　ちょっと……。ワンタッチするぐらいですか。

手塚治虫　階層的には、まあ、仏陀《ぶっだ》風であるらしい。

斎藤　え？

手塚治虫　〝マンガ界の仏陀〟。

斎藤　〝マンガ界の仏陀〟？

手塚治虫　うん。そうそう。

斎藤　誰《だれ》が？

手塚治虫　私。「マンガの悟《さと》りを開いた」という意味で。

斎藤　マンガの悟り？

手塚治虫　うん。そうそう。

斎藤　へえ。

マンガを窓口として物語や映像などの世界につながっている

斎藤　それでは、毎日、「マンガの悟り」をもって、いろいろな世界へのインスピレーションを送ったり、創造性のある方と出会ったりしているんですか？

手塚治虫　うーん、まあ、マンガというのは一つの窓口ではあるけれども、いわゆる映像系までつながっていくところがあるし……。

斎藤　映画監督《かんとく》？　それとも、小説家や物書きですか？

手塚治虫　まあ、物語や映像、あるいは、ユーモアや……。

斎藤　うん？　落語等ですか。

手塚治虫　まあ、いろんな世界につながっていくものはあるわなあ。面白い人は、例えば、チャップリンみたいな有名な人とも……。

斎藤　チャップリンともお会いしているんですか？

手塚治虫　してる。そういう人とだって会うことはあるよ。

斎藤　チャップリンと会うんですか？

手塚治虫　うん、会う。

斎藤　彼と話したことはありますか？

手塚治虫　うん、ある。

手塚治虫が大きな影響を受けた俳優チャップリン

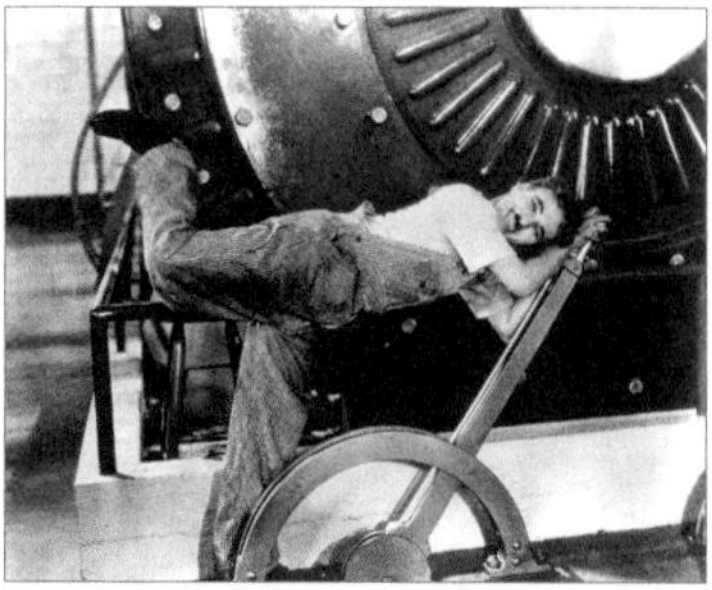

チャールズ・チャップリン（1889～1977）は喜劇王の異名をもつ俳優で、数々のコメディ映画の製作、出演をした。手塚氏の実家には「ゴールド・ラッシュ」等のフィルムがあり、ディズニー作品と同様、何度も観返した。（写真：「モダン・タイムス」から）

斎藤　ああ。言語ではなくて、思念《しねん》で通じるんですか？

手塚治虫　君ね。僕《ぼく》、英語ペラペラなんだ。知らなかった？

斎藤　え？　ほんとですか？

手塚治虫　冗談《じょうだん》だよ。

斎藤　あ、嘘《うそ》なんですね（笑）（会場笑）。

手塚治虫　うん。

斎藤　ちょっと先生、そうやって人を驚《おどろ》かすのはやめてください。

手塚治虫　まあ、昔はドイツ語だったからね、医学部はな。だから、まあ、ペラペラじゃないけど、まあ、ドイツ語の……。

斎藤　チャップリンもいらっしゃるんですね。では、喜劇系ですね。

手塚治虫　うん、まあ……。いや、「悲劇だ」と言ったって構わないんだけどねえ。〝悲劇の人〟は、なんか、あんまり天国が好きでないようなのでね。

マンガのよさは、非現実なことを読者が追体験できるところ

斎藤　手塚先生の住んでいる世界には、シェークスピアのような方はいらっしゃいますか？

手塚治虫　シェークスピア……、ね。

斎藤　あ、格が高すぎますか？

手塚治虫　いや。君、それはちょっと言いすぎ……。

斎藤　ああ、すみません。今、この場では、つい本音《ほんね》が出てしまいました（笑）。

手塚治虫　今のは少し〝失礼〟だったよね。シェークスピアって、〝人殺《ひとごろ》しの小説〟ばっかり書いていたんじゃなかったっけ？

手塚治虫作品に見られるシェークスピアの影響

手塚氏には、劇作家ウィリアム・シェークスピア（1564～1616）から一定の影響を受けたと思われる作品があり、例えば、シェークスピア四大悲劇の一つ「マクベス」を題材とした話を『七色いんこ』（秋田書店刊）に描いている。
なお、手塚氏は、「ぼくがはっきり胸を張って創造したといえるのは、マンガに悲劇の要素を持ってきたということ」と述べている。

斎藤　ええ、いろいろ、まあ。

手塚治虫　うん。じゃあ、僕のアニメを批判されるいわれはないねえ。シェークスピアは〝人殺し〟で名前を上げたんだよな？　小説といったって、人殺しを絡《から》めなければ全然面白くないんだろう？

斎藤　先生は「生《しょう》・老《ろう》・病《びょう》・死《し》」のなかでも、やはり「死」というものを通して、常に何かを訴えようとしているのですか？

手塚治虫　うーん、だから、マンガや小説はコウスティングというかな、気晴《きば》らしのところがあるからさあ。実際には、やってはいけないことを描いても、みんな、それを自分で「追体験《ついたいけん》」できるけれども実際にやるわけじゃあないのが、いいところなんだよね。

マンガは「非現実」なところがあるからさあ、人を殺すシーンがあったとしても、現実にそれをまねして殺そうとは思いやしないだろうけど、あまりリアルにしすぎると〝あれ〟するよなあ。そういうところがあるよねえ。

手塚治虫の作品を描く上での倫理《りんり》観とは?

鴇田　ご生前、先生の作品の描き方のなかで、「三つのタブー」というか「これだけは、描き手としてやってはいけない」という取り決めをされていたと伺《うかが》っています。例えば、実際、「民族差別に当たるようなことは描かない」などと考えていたそうですが、作品を描く上で、何らかの倫理《りんり》観のようなものがあったと思われます。このあたりについてはいかがでしょうか。
手塚治虫　まあ、まあ……、「ありはしないけれども、あるように見せる」というところが大事なんだよね。うん、うん。それは、やはり大家《たいか》になる場合の条件だよね。

斎藤　（笑）ああ、やはりスタイルですか？

手塚治虫　何かあるように見せないといけないところは……。

斎藤　「見せる」ということなんですか？

手塚治虫　うん、見せる。

斎藤　「何でもやってよい」ということですか？

手塚治虫　本当は、マンガにはタブーがあってはいけないんだよ。うん。それでは、人種差別関係のマンガは描けないことになっちゃうからねえ。それは、手足を縛《しば》るようなもんだからね。

マンガは、シリアスに描こうとユーモラスに描こうと、実際はどちらでも描けるでしょう?

例えば、近年、『ちびくろサンボ』のマンガだか、アニメだか、絵本だかが、かかるかかからないかで、何かやっていたでしょう?

私は、ああいうのは、そんなに、差別のようにあまり言うのはどうかなと思うんだよね。やっぱり『ちびくろサンボ』は「くろんぼ」のほうが面白いよなあ。あれが白人の子だと何か全然面白みがないもんなあ。

だけど、それを差別的に感じる人がいて、その声があまり強ければ受けざるをえないけど。

実際はマンガ家だって、やっぱり言論・表現の自由を受けてやっているものだか

「表現の自由」のために戦っていた手塚治虫

「マンガは俗悪」という批判に反論した手塚氏

戦後、子供の娯楽として赤本ブームが起きたが、手塚氏は関西における人気作家だった。しかし、次第に「マンガは俗悪」という批判が強まり、PTAなどを中心に悪書追放キャンペーンが展開された。しかし、手塚氏は「マンガは教育的なおやつである」という持論を持っており、「子供の成長には主食だけでなく、おやつが必要である」と、全国各地で講演活動を行った。その際、親孝行を教える良書とされていた『赤胴鈴之助』を大いに活用し、マンガの素晴らしさを説得して回ったという。

『ちびくろサンボ』

原作はスコットランド人のヘレン・バンナーマンが描いた、インドの少年が主人公の童話、絵本。出版時に改変され、主人公が黒人の少年に置き換えられたため、後に人種差別との関連性が指摘された。一時期は絶版状態となったが、現在は復刊している。

手塚治虫著『マンガの描き方』(光文社刊)

手塚氏は、『マンガの描き方』のなかで、「どんなマンガを描こうと必ず守ってもらいたいこと」として３点をしてはならないと述べている。

○戦争や災害の犠牲者をからかうようなこと。
○特定の職業を見下すようなこと。
○民族や国民、そして大衆をばかにするようなこと。

マンガによって、どんなに痛烈な、どぎつい問題を訴えるとしても、基本的人権だけは断じて茶化してはならないと戒めている。

ら、できるだけ〝タガ〟はないに越《こ》したことはないんですよ。

ただ、まあ、基本はね、あなたが言うようにさあ、基本は、ヒューマニズムがあるように思われていたようではあるね。まあ、少年少女が対象ではあったので、「正義とヒューマニズムみたいなもので、何とか彼らに、いい方向で大人になってもらいたい」っていう気持ちを持っていたからね。

そのへんのところが、あとは、年を取っていくと、だんだんにあなたが言うような哲学《てつがく》的なものに、やや変化していった面はあるのかもしれないけどね。うんうん。

5　手塚治虫の「多作」の秘密

手塚治虫から世界レベル水準にまで上がった日本のマンガ

斎藤　結局、ご生前の手塚先生の創作の原点は、「面白《おもしろ》いものを伝えたい」「喜ばせたい」というところにあったのですか。それとも、「何かヒューマニズム的なものを伝えたかった」のでしょうか。

手塚治虫　いや、医者になりたかったのよ。

斎藤　え？　医者になりたかったのですか。

手塚治虫　医者になりたかったけどねえ、手術して縫合《ほうごう》しているよりは、マンガを描いてるほうが手が動くっていうんだから、しょうがないわね。

斎藤　それで、マンガ家になったのですか。

手塚治虫　ああ、そうそうそうそう。

斎藤　いや、「天命」とか、そういう計画はなかったのですか。

手塚治虫　趣味《しゅみ》、趣味。趣味が、〝あれ〟だよ。

医師免許を持つマンガ家・手塚治虫

手塚氏が医学を志す直接のきっかけとなったのは、戦時中の旧制中学時代、感染症にかかり、両腕切断の危機を阪大病院で命拾いしたこと。1945年、大阪帝国大学（写真）の附属医学専門部に入学。卒業後は、附属病院で１年間のインターンを経て医師免許を取得。すでにマンガを本業としていたが、後年、奈良県立医科大学の研究生となり、医学博士号を取得した。

斎藤　いえ、質問です。

手塚治虫　はい。

斎藤　人間として地上に生まれたときに、「この日本にアニメやマンガのカルチャーを創造する」とか、そういう人生計画を立ててきたりしなかったのですか。そういう大きな目から見たときに……。

手塚治虫　うーん。いや、マンガは、戦争前からだって、あったことはあったのよ。「のらくろ二等兵」だとかさ、いろいろあったから。

斎藤　田河水泡《たがわすいほう》の「のらくろ」ですね。

戦前を代表するマンガ家・田河水泡(1899～1989)。代表作『のらくろ』シリーズを数多く執筆。田河氏は小林秀雄の義理の弟で、熱心なクリスチャンでもあった。手塚氏は田河マンガの大ファンで、小さいころから愛読し、プロになってからも折に触れて読み返していたという。

手塚治虫　だから、マンガは、私が初めてっていうわけじゃありませんけれども。まあ、今のあなたがたから見りゃあ、お笑いかもしらんけれども、日本のマンガは、そりゃあ、手塚治虫から大きく「近代化」路線へ舵《かじ》を切ったわけで、要するに、世界レベル水準にまで一気に上がっていったわけなんですけどねえ。

マンガ家は「いつタネが尽《つ》きるか」との競争

手塚治虫　まあ、マンガっていうのは、そんなに……。何て言うか、マンガ家ってのは、いわゆる落語家の親戚《しんせき》みたいなもので、バックボーンとして、そんなに勉強しなくても、なんか面白いネタ、お笑いのネタみたいなのを思いついたら描けるものだったんだよ。もともとはね。

だから、根本《こんぽん》は「四コママンガ」だよな。

斎藤　はい。

手塚治虫　「四コママンガ」から来てるものだろうけども、それにストーリーが出てきたりいろいろして、大河《たいが》的なマンガになってくると、やっぱり、勉強もしてなきゃいけないっていうようなことで、多少の勉強をしたような人も描くようになってきた。そういう、小説家と変わらなくなってきたところはあるわなあ。

斎藤　夢想《むそう》して、常にそういうストーリーを練っているのですか。

手塚治虫　そうだね。

斎藤　手塚先生も、最初は、十何歳《さい》のときに、「マァチャンの日記帳」のような四コママンガから始めていらっしゃいますね。そこからだんだん……。

手塚治虫　いや、それはねえ、君、さっき誰《だれ》かが、十五万枚だとか七百作品だとかなんか言っておったけどさ、マンガ家っていうのは、基本的に、「いつタネが尽《つ》きるか」というのとの競争なんだよ。

斎藤　タネとの競争ですか。タネが尽きることのないように。

手塚治虫　うんうんうん。だから、さっき言ったように、落語だってタネが尽きるから、「古典落語」っていうので、二十人ぐらいを相手にして延々《えんえん》と続けている。ちっちゃな人数を相手にね。

新感覚の作品を続々と発表した鮮烈なデビュー期

○『マァチャンの日記帳』は、1946年の年明けから「少國民新聞」(大阪毎日新聞の小学生版)に連載された手塚氏の四コママンガで、17歳(紙面では19歳と紹介)のときのデビュー作。幼いマァチャンの日常が描かれたほのぼのとした内容で好評を博した。

○手塚氏の初期ＳＦ三部作『ロストワールド』(1948年)『メトロポリス』(1949年)『来《きた》るべき世界』(1951年)。壮大なスケールと斬新なタッチで近未来を描いた。

○ 1947年発表の『新宝島』は、手塚氏初の長編マンガ作品。冒頭部のスピード感あふれる車の映像的描写や、本格的ストーリー展開等が従来のマンガの常識を打ち破った本作品は、藤子不二雄両氏など、戦後日本のマンガ界に多大な影響を与えた記念碑的作品とされている。

だけど、今のマンガっていうのは、もう君らの本よりも売れてるぐらい、何百万部とかすごい部数で出るからね。だから、「消費されていく文化」なんだよな。でも、次々と新しいネタを開発して書き続けるっていうのは、なかなか難しいよな。なんかについての「専門知識」を勉強しないと描き続けられない。だから、私あたり……、まあ、ほかの人にもいるけど、教養的なものをだいぶ入れ込《こ》む人は、やっぱり、長くもってるよね。マンガ家でもね。

マンガを描き続けていたのは借金返済のため？

斎藤　晩年と言っては失礼ですけれども、先生は、六十歳で亡くなるまでずっと現《げん》役《えき》で、若手の台頭《たいとう》にも耐《た》えつつ第一線から退《ひ》かないという……。

手塚治虫　それはしゃあない。「借金《しゃっきん》」を背負ってたからね。

斎藤　借金を背負っていた（苦笑）。

手塚治虫　うん、だから、退くに退けない。

斎藤　借金のために描き続けたのですか。

手塚治虫　借金が許さないんだよ、借金が。ちょっと誘惑《ゆうわく》にかられて、虫プロダクションみたいなところをつくっちゃったんで、退くに退けなくてな。

斎藤　はあ。

手塚治虫　そんで、しかたないから働き続けていたわけよ。

鴇田　でも、エピソードとして、病院に入院されたときも、意識があるときはペンを握《にぎ》ろうとされたということでしたから、単にお金のためということでは……。

手塚治虫　ああ、もっともっと言っていいよ。君、もっと言っていいよ。そういう美談は、一生懸命《いっしょうけんめい》、みんなに伝えないと、誰も知らんからさ。

そうなんだよ。病院でも苦しかったしね、もうトイレでも苦しかったよぉ。トイレの窓から逃《に》げ出すのは本当に大変だったからね。編集者に見つからないように逃げるのには、本当に苦労したよ。もう、みんなが見張ってるからさあ。

「原稿《げんこう》を取り上げるまで絶対に逃がさない」っていう

病床でも最期までペンを執り続けていた手塚治虫

○1988年3月の入院時に胃ガンと判明。本人には胃潰瘍と説明されて2カ月間入院。11月に再入院し翌月手術。「1時間も描くと疲れちゃって、横にならないとダメなんです」「ペンが重たくて、今の自分の状態だとペンが持てないんです」と語るも、病床で原稿を描き続けた。翌1989年2月9日、60歳で逝去。

○朦朧とする意識のなかで、妻・悦子さんに語った最期の言葉は、「隣へ行って仕事をする。仕事をさせてくれ」だった(『夫・手塚治虫とともに』〔講談社刊〕)。未完となった作品には『ネオ・ファウスト』『ルードウィヒ・B』『グリンゴ』等がある。

ので、家のどこからも逃げ出さないように、みんなで囲んでるから、「どうやってトイレから逃げるか」っていうところで、けっこう苦労したもんだよ。本当に。

斎藤　はあぁ。ただ、借金から逃《のが》れるために描いていたというより、やはり、何か胸の奥《おく》にあったのではないかと……。

手塚治虫　みんなが鬼《おに》に見えた。本当に鬼に、鬼に。

斎藤　鬼に（笑）。

手塚治虫　鬼だよ。

斎藤　いや、編集者はみんな〝鬼〟なんですから。あ、違《ちが》いますか（苦笑）。

手塚治虫には大川隆法がどう見えているのか

手塚治虫　いや、一回、大川隆法さんとサシで話したいとは思ってたんだけど、よくこれだけの量の創作に堪《た》えとるよね。

斎藤　はい。二〇一〇年には、年間で書店売りの著書五十二冊を発刊し、ギネス世界記録で認定されました（二〇一四年には年間で書店売りの著書百六十一冊を発刊している）。

手塚治虫　よっぽど〝鬼〟に囲まれとるんだろうね。周りは鬼だらけだろ？　これ。

斎藤　いや、全然そんなことはありません。仏の子だらけです。

手塚治虫　（質問者二人を指して）男のあんたら、編集？

斎藤　はい。そうです。

手塚治虫　うん、鬼だよな。あんた、絶対、鬼だよ。

斎藤　（苦笑）鬼って、そんな、決めつけないでください。（この霊言《れいげん》は）公開されるので、非常にまずいです。

手塚治虫　それと、秘書の顔をした〝鬼〟とか〝夜叉《やしゃ》〟が、いっぱいいるんだよ。

栗崎　大川隆法総裁は、人類を救うために、いろいろな法を説かれておりますので。

手塚治虫　「人類を救う」っていったって、タネが尽きることは尽きるんだよ。あんた。

栗崎　いえ、尽きていませんから。

手塚治虫　いや、やっぱりね、子ダネだってなくなるときはあるんだからさ、タネは尽きる。

栗崎　今日も、今年百一回目の御法話《ごほうわ》でございますから。

手塚治虫　ん？　あ、そう、ふーん。

そりゃあ、うーん……。まあ、人によっていろいろあるけどさ、（大川隆法は）たぶん関心の領域が広いんだろうよ。

斎藤　好奇心《こうきしん》、関心が強いですね。

手塚治虫　うん、やっぱり、関心がないものは勉強もできないし、語ったり発表したりもできないから。それは、小説家でも講演家でも一緒《いっしょ》だとは思うけどな。講演家でもずっと同じ話をする人もいるし、小説家でも、私小説系だったら、体験したこと以外は書けないタイプの人がいるわなあ。だから、まあおそらく、（大川隆法は）関心の範囲《はんい》がすごく広い方なんだろうなあ。

戦争ものを描いたら出てくる「生と死」と「正義論」

栗崎　手塚治虫先生は、宗教に対してどのように考えられていますか。

手塚治虫　関心はあったよ。晩年には関心……、晩年というか、まあ、途中《とちゅう》から、ある程度の年齢《ねんれい》ね。だいたい四十歳前後になると、人間、少しは宗教に関心が出てくるもんだわな。

ヒットラーを描いても、何を描いてもそうだけどもね、そういう戦争ものを描いたら、やっぱり、そらあ、「生と死」は出てくるし、そのあとには、どうしても根本的な「正義論」に行くじゃないか。な？　正義論――。

「何が正しいのか」というようなことを考えたり、「善悪」の問題を考えたり、「正義」のことを考えたりしたら、やっぱり、神様とか仏様とか、あるいは哲学《てつがく》とかに行くことは行くわな。

まあ、宗教の本論や哲学をそのままマンガにするのは、ちょっときついですけど。ソクラテスを茶化《ちゃか》して、一休《いっきゅう》さんみたいにするわけにはいかんけどさ、やっぱり、バックにはそういう知識もちょっと持ってないとね。滲《にじ》み出てくるものはあるからさ。

マンガを描き続けるのに必要なものは「ネタの仕入れ」と「専門知識」

鴇田　先ほどお話しされた、「創作のタネ」というところと関係してくると思うのですが、生前、たくさん作品をお描きになるなかで、例えば、天上界《てんじょうかい》からのインスピレーションのようなものを、何か実感として感じられたりしたことはございましたか。

手塚治虫　うーん。まあ、あったとは思いますけど。でも、例えば、医学マンガなんかだったら、やっぱり、医学の知識がなければ、実際には描くことはできないわな。医学をやってない人が医学マンガを描くのは、やっぱり、事実上は困難だろうと思う。

ただ、例えば、マンガ家で「宇宙人の研究」ができてなくても、幸福の科学のようなところから宇宙人の話がいっぱい出てきたら、それをネタにして描くことはできるわな。

そういうふうに、ネタを仕入れることができれば描けるものと、もうちょっと専門知識が必要なものとがあるだろうなあ。

例えば、軍隊ものを描くなら、やっぱり、兵器とか、いろんなものを勉強しなきゃ描けないところもあるだろうしな。

だけど、そこまで行くと、どうしても〝オタク的〟になってくるね。それについて、いろいろと詳《くわ》しくなってくるところがあるので。

みんなそれぞれ、広く描けない人は、専門分野を区切っていって似たようなジャンルで行くし、お笑い専門で行って長く続いてる人もいた。でも、そういう人の場合は、おそらく、そのレベルの人間ドラマをよく見ているだろうし、やっぱり、創作のタネを常に考え続けることで、材料が入ってくるっていうか、目に入ってくるところがあるわな。

基本的に、私はこれでもマンガ家という……、まあ、今は高学歴の人ももうちょっと多くなってるんだろうと思うけども、私は、昔にしては高学歴だったから、やっぱり、「学問に堪《た》える（マンガ）」っていうようなところが、ちょっと〝売り〟ではあったたっていうところかな。

6　手塚治虫には、なぜ「未来」が見えていたのか

予想外の結果を生み、ロボットを友達に感じさせた「鉄腕《てつわん》アトム」

斎藤　ここで、ひとつ話題を変えまして、ぜひ、「科学」の話をお伺《うかが》いしたいのですが、先生の話を聞いていると、本当はけっこう深いところまで考えていながら、それを、あまり出されないようにしている感じもします。

手塚治虫　うん、君と一緒《いっしょ》だね。

斎藤　え？

手塚治虫　君とまったく一緒だね。

斎藤　え、え（苦笑）。いえいえ。だから、その一端《いったん》をぜひ教えてほしいのです。今、戦争の話が出ましたけれども、例えば、先生は生前、著作で『ガラスの地球を救え』とかを書いたではないですか。

手塚治虫　うんうん。あんまり面白《おもしろ》くない本だよ。

斎藤　面白くはなかったですけれども（笑）。文筆《ぶんぴつ》はもうひとつかもしれませんが、ただ、すごくいいことが書いてありまして、「『鉄腕《てつわん》アトム』で描きたかったのは、一言《ひとこと》で言えば、科学と人間のディスコミュニケーション（疎外《そがい》感）ということです」とありました。その疎外感などを表したかった感じや、「未来を、地球を救え」というような感じがあり、私は非常に感銘《かんめい》を受けた記憶《きおく》があるんですけれども、本当にそういう気持ちはなかったのですか。

手塚治虫　うーん、ただ、アトムは予想外の結果を生んだんだよな。

子供たちに人気が出て、それで、勉強した人たちが、工場労働者とか、あるいは理工系とかに進んで、トヨタだろうがどこだろうが、いろいろなところが、ああいうロボットを使って、いっぱいいものをつくっているけどね、ああいうの（ロボット）に対して、すごく親和性を持った。

でも、原作の『ロボット』っていうのは、確か、ヨーロッパの、東欧《とうおう》のほうの人が小説に書いたやつなんだけどね。

カレル・チャペック（1890～1938）チェコスロバキアの作家・劇作家。戯曲『R.U.R.』で「ロボット」という造語を発表した。

●**『鉄腕アトム』が進路に与えた影響の例**　認知発達ロボティクスの研究者である大阪大学・浅田稔教授や、超高速プラスチック光ファイバー開発者の慶応大学・小池康博教授などは『鉄腕アトム』がきっかけだったという。

斎藤　チャペック（「ロボット」の語をつくったチェコのSF作家）とかですか。

手塚治虫　実は、（原作の『ロボット』は）人間疎外の〝あれ〟なんだよな。だから、チャップリンの「モダン・タイムス」と同じで、人間疎外の物語であり、ロボットは人間の敵なんだよね。

　もともと原作的にはそうなんだけど、アトムを「正義の味方」にしてしまったために、日本では価値観がかなり変わっちゃって。「ロボットは人間の友達」みたいな、犬みたいな感じになっちゃったのが、まあ、逆説的ですが、日本の戦後の発展に、ある意味で役に立っちゃったところがあったかもしれないねえ。

「人間の嫌《いや》がることはすべてロボットがするようになる」

鴇田　海外では、ロボットに対して擬《ぎ》人《じん》的な思い入れというのはあまりないと言われています。

●**『鉄腕アトム』の当初の狙い**　手塚氏は、「アトムは、ロボットと人間との誤解と軋轢《あつれき》の物語である。別に私は栄光ある21世紀の科学文明物語を描こうとしたわけではない」（東京新聞1967年11月「私の人生劇場」）と述べている。しかし、結果的には、その作品を通して価値観が変わり、「正義の味方」「人間の友達」になった。

手塚治虫　そうそう。

鴇田　それに対して、ロボットに対する日本人独特の感性というのは、やはり、手塚先生から来ているのではないかと言われることがあります。

手塚治虫　うーん。まあ、「鉄腕アトム」だって、あれじゃないの？　今、ハリウッド映画で見たら、「アイアンマン」になっちゃうんじゃないの？（笑）例えば、ああいうことなんじゃないの？　アイアンマンみたいなもんだろう。

斎藤　「鉄腕アトム」は、日本のみならずアメリカにも〝輸出〟されています。「アストロボーイ」という名前に変わってしまいましたが。

手塚治虫　うーん。

斎藤　「アトム」というのは、スラング（俗語）では「おなら」という意味で（笑）、「鉄腕おなら」になってしまうため、「アストロボーイ」に変わったと、われわれは聞いていますけれども。

手塚治虫　うん、そうね（笑）。

斎藤　ただ、それも、アメリカの少年たちの間で、すごくヒットしています。先生はもしかしたら、「未来を見ていた」のではないかと思いますが、あくまでも、「未来を夢想《むそう》するという面白さだけを追求していた」というかたちなのですか。

手塚治虫　でも、「アトムが生まれた年」は、もう過ぎたんじゃなかったかな。もうちょっと前だったような（笑）。二〇〇〇年が始まったころには……（注。作品上の設定では、鉄腕アトムの誕生日は「二〇〇三年四月七日」と描かれている）。

斎藤　もう過ぎてしまったみたいです（笑）。

手塚治虫　過ぎちゃったよな。（現実は）まだそこまで行ってなかったね。もっと「先」だったね。予想よりは「先」だったけども。

手塚治虫作品紹介④『鉄腕アトム』

【初出】「少年」1952 年 4 月号
（本作の前身である「アトム大使」は 1951 年に連載）

【ストーリー】息子を亡くした科学者がつくった、人間のような感情を持つロボット・アトムの活躍を描いたＳＦ。

【エピソード】
○虫プロ最初のアニメ化作品。日本のアニメ文化確立のために、1 本 55 万円という破格のコストで製作。キャラクター商品で採算に乗せる手法を生み出した。
○テレビアニメのスタッフに「機動戦士ガンダム」監督の富野由悠季《とみのよしゆき》氏がいた。また、『20 世紀少年』の作者・浦沢直樹《うらさわなおき》氏がオマージュ作品『PLUTO《プルートウ》』（手塚眞《まこと》監修）を発表するなど、クリエーターに与えた影響は大きい。
○アトムの誕生日 2003 年 4 月 7 日にちなみ、ロボット博覧会「ROBODEX2003」会場では、長男・眞氏が生まれたばかりのアトムと握手するイベントを開催。

斎藤　夢想していて、「未来の科学」の姿などが見えることはないのですか。

手塚治虫　いや、あるよ。あった、あったよ。それは、もう、あってあってあってあってあってあって……。

斎藤　どんな感じです？　ちょっとお教えいただけますか。

手塚治虫　うーん……。マンガ家は嘘《うそ》を言うから、気をつけたほうがいいよ。

斎藤　え？

手塚治虫　マンガ家は嘘を言えるから、気をつけないといけないけど、確かに、ロボットはもっともっと発展するわね。

斎藤　ロボット世界、ロボット産業が発展していく？

手塚治虫　人間の嫌《いや》がることはみんな、だいたいロボットがするようになるだろう。今は、福島原発がどうのこうのって、やってるんだろ？

斎藤　はい。

手塚治虫　まあ、（霊界《れいかい》にいる）俺《おれ》たちには関係ないけどさ、あんなのも人間が入ってるじゃない。人間が入って、何だかんだ一生懸命《いっしょうけんめい》にやってるじゃないの。

斎藤　被曝《ひばく》される方もいらっしゃいます。

手塚治虫　そんなのは、本来、ロボットを総動員させなきゃいけないよな。やっぱり、そこまでロボットが進化してなきゃ、ちょっと一手遅《いってお》れたな。ロボットは、人間の代わりに行って、全部作業しなくっちゃ。

それから、三陸の津波《つなみ》でできた瓦礫《がれき》だってな、あんなのは「鉄人28号」（横山光輝《よこやまみつてる》のマンガに登場するロボット）の登場のときだよな。ほんとはな。ゴオーッてやらなきゃいけないよね。捨ててもいいところにバーッと持っていって、放り込《こ》んでこなきゃいけないよね。

人間の力でやるのは、ちょっと、これ……。自衛隊さんが、作業員みたいにやっておられるけど、人力《じんりき》は人力だからね。そんなにいかないよね。やっぱり、ロボットが必要だね。だから、ちょっと遅れたな。自衛隊も、半分以上はロボットにしたらいいんだよ、もう。

斎藤　ああ、自衛隊の半分はロボットにしたほうがいい？

手塚治虫　自然災害対策が、仕事の半分以上もあるんでしょうから。

斎藤　やはり、日本が発展するには、そういう「ロボット産業」が非常によろしいですか。

手塚治虫　うーん、いいと思いますね。あと、防衛の〝あれ〟も、人間がやったら死ぬんだろ？　だから、ロボットにやらせたらいいじゃない、なるべくね。

斎藤　そういうビジョンなどは、ときどき見られます？

手塚治虫　ああ、まあ、見るよ。見るというか、そうなるべきだろうね。

斎藤　ああ。

手塚治虫　なると思うよ。うんうん。

霊界《れいかい》ではどんなロボットが発明されているのか

斎藤　天上界《てんじょうかい》の「発明家の村」のなかには、ロボットを発明している方もいらっしゃいますか。

手塚治虫　うんうん、そりゃあ、いるよ。日夜研究してるよ。

斎藤　今、霊界《れいかい》では、どのくらい進化していますか。

手塚治虫　え？

斎藤　パッと見て、どんなロボットがいますか。

手塚治虫　どんなロボットっていうか、まあ……。

斎藤　あの、開発中のロボットとかでも……。

手塚治虫　あなたぐらいのロボットは……（笑）。

斎藤　「あなたぐらいのロボット」って、ちょっとよく意味が分からないんですけれども……（苦笑）。

手塚治虫　えー、へへへへへへへへへ。「編集ロボット」とか。

斎藤　え？　編集ロボット？　いや、私の仕事がなくなってしまいますよ（苦笑）。

手塚治虫　「質問ロボット」。

斎藤　質問ロボット（笑）。

手塚治虫　だから、相手のデータを全部インプットしていて、必要な情報を必要なときに取り出してきて、「あんたが何年に書いたあの作品は、こういう内容でしたけれども、あの登場人物について、どうですか？」っていうようなのがピピピピピッと出てくるような質問ロボットがいたら、あんたより優秀《ゆうしゅう》になるよね。

斎藤　今、〝つくった〟でしょう？（笑）（会場笑）

手塚治虫　ハハハハハ。

斎藤　いやいやいや、分かりますけれども（笑）。

手塚治虫　まあ、例えば、そういうのができるわけよ。

斎藤　ああ。そうすると、やはり、思い描いているそういう世界などをウオッチして、いろいろなところで作品にしていったという感じでしょうか。

手塚治虫　いや、でも、「神様の代わり」なのよ。「創造」をすべて引き受けてるので。いちおう、「思い」のなかに宇宙はできるのよ。だから、ある意味では、私のほうから神様にインスピレーションを与《あた》えているようなもんだな。

人間が考えついたものは、だいたい全部つくれるんだ、基本的には。つくれるもんなんだよね。

斎藤　うーん。

手塚治虫　思いつかないものはできないからね。偶然《ぐうぜん》以外ではね。

「僕《ぼく》らの世界は迷信《めいしん》の世界じゃない」

斎藤　手塚先生は、神話の世界にも、けっこうお強かったように思います。

幸福の科学では、大川隆法総裁が、いろいろな古代文明等の調査をされていますけれども、手塚先生の作品でも、『海のトリトン』ではアトランティス文明の話があったり、『三つ目がとおる』では、超能力《ちょうのうりょく》のお話があったりします。

また、「ミュートラム」とか「ゴンドワナ（ガーナ）」とか、昔、総裁が霊的に

●『海のトリトン』　アトランティス人の末裔であるポセイドン族と、トリトン族による因縁の戦いが繰り広げられる（原題『青いトリトン』）。
●『三つ目がとおる』　額の絆創膏をはがすと、第三の眼が現れて超能力を発揮するというムー文明の末裔である少年の活躍を描く。

サーチしたときに出てきた、いろいろな古代文明の名前があるんですけれども、『三つ目がとおる』では、そういう文明にあったサイキック能力を持った少年が、主人公で出たりしているんですね（注。ガーナ文明は七十六万年前から約二万五千年間栄えた超能力文明であり、当時の男性には第三の眼があったとされている。『太陽の法』〔幸福の科学出版刊〕参照。『三つ目がとおる』の主人公・写楽《しゃらく》も第三の眼を持ち、超能力を発揮する）。

やはり、そういうものにもご関心はあるのではないでしょうか。

手塚治虫　まあ、超能力とか、それは、多少関心は

直近の百万年近くにわたる超古代文明史の変転が明かされている『太陽の法』（幸福の科学出版刊）。映画「太陽の法」（2000年公開／製作総指揮・大川隆法／幸福の科学出版／東映）では、超古代文明の様子が再現されている（上左：ムー文明の様子）。

あるよ。それは面白いもんな。ディズニーが魔法《まほう》の世界に入ってるのと同じだからね。非現実なことが可能になってくるからね。

斎藤　そういう世界には通じておられるんですか。

手塚治虫　（一瞬《いっしゅん》、笑いを浮《う》かべる）うーん。

斎藤　何となく〝ある〟感じじゃないですか（笑）。

手塚治虫　うーん。

斎藤　あ、いや、嘘はつかなくてもけっこうですけれども（笑）。何か感じるものはないですか。

手塚治虫　うーん。ただ、迷信《めいしん》の世界じゃないんだよ。

斎藤　本当にある世界なんですか。

手塚治虫　ああ、僕《ぼく》らの世界は迷信の世界じゃないからね。けっこう近代合理性があるある世界のなかでの妄想《もうそう》だから。

斎藤　妄想ですか。

手塚治虫　うん。「迷信のなかの妄想」じゃないからね。「近代的な流れのなかでの妄想」でございますから。夢想だからね。

斎藤　やはり、どうしても、「妄想」とか「夢想」という言葉がすごく強く出てくるんですけれども（笑）。

手塚治虫　うーん。あんたがた、（教義では）「思いは力」なんだろう？

斎藤　はい。

手塚治虫　うんうん。「思い」なんだよ。

斎藤　はあ。

手塚治虫　（死んだら）体がなくなるんだから、「思い」しかないじゃない。何を言ってるのよ。

「体はないが、自由自在に変化することもできる」

斎藤　今、体はないですか。ありますか。

手塚治虫　体はないよ。

斎藤　ない!?

手塚治虫　ないよ。「三つ目がとおる」よ。そのとおりよ。

斎藤　今、「三つ目がとおる」状態ですか。

手塚治虫　うん、そうそう、そんな感じ。「どろろ」なんだ。「どろろ」。

斎藤　どろろん？　えっ、とろろ？　あ、「どろろ」！　先生は、作品で「どろろ」もつくられましたけれども（笑）（注。「どろろ」は、戦国時代を舞台《ぶたい》に、妖怪《ようかい》との戦いを描いた作品。二〇〇七年には妻夫木聡《つまぶきさとし》と柴咲《しばさき》コウの主演で実写映画化もされた）。

手塚治虫　どろどろどろどろ……。溶《と》けて、溶けて……、溶けちゃった。

斎藤　では、手が伸《の》びたりしますか。

手塚治虫　うん、もう何とでも。もう自由自在ですよ。

斎藤　体は変化しますか。

手塚治虫　だから、体は要《い》らないのよ。ほんとは要らないのよ。

斎藤　ああ。

手塚治虫　ほんとは要らないんですけど、まあ、何とでも思うようには……。マンガ家だからさ、普通《ふつう》の人よりは、その何？　造形《ぞうけい》はうまいよ。いろいろと思ったように変化する姿はうまいね。

だから、まあ、妖怪なんかも研究はしているけどね。ちょっとはね。

斎藤　妖怪の研究もされていますか。

手塚治虫　うーん、面白いのがいっぱいいるからね。

斎藤　ああ。「どろろ」にもたくさん出てきますよね。

手塚治虫　あれも、やっぱり、「人間の創造がどこまで可能か」っていうことへの、一つのチャレンジだよな。日本人が、かつて創造したものがいっぱい出てくるからね。

7　手塚治虫の正体は宇宙人？

「手塚治虫が宇宙人でないわけがない」

斎藤　話を展開させて申し訳ありません。

先ほど、質問者の栗崎からも、チラッと宇宙の話題が出ましたが、手塚治虫先生は、「生前、宇宙にも関心があったし、今も勉強中で、宇宙人の研究をしている」とのことでした。

ご自身には、何か宇宙との関連などはありますか。

手塚治虫　うーん。こういう人（手塚治虫）が宇宙人でないわけはないでしょうねえ。

斎藤　ぜひ、そこをご教示《きょうじ》いただけませんか。

手塚治虫　だけど、私はマンガ家だからね。的確な答えが返ってくるかどうかは分からないよね。

斎藤　では、宇宙人にお強い栗崎さんから……。

栗崎　ニビル星とかですか。

手塚治虫　いやあ（苦笑）、何を……。

栗崎　違《ちが》いますか？

幻の太陽系第９惑星かと噂されているニビル星

○ニビル星とは、太陽系に存在すると思われる未発見の惑星。かつて金星において高度な文明が発達したが、火山の大爆発に伴い生存が困難になったため、一部の金星人は他の星に移住した。ニビル星には、そのときに逃れた金星人たちが数多く住んでいるという。（『「宇宙の法」入門』〔幸福の科学出版刊〕参照）

○なお、CNNの報道（2016年1月21日）によると、カリフォルニア工科大学では、地球の１０倍の質量を持ち、太陽から海王星よりも２０倍遠く離れた軌道を１万〜２万年かけて周回する惑星の存在を示す証拠が発見されたという。天文ファンの間では「プラネット・ナイン」と呼ばれる、その謎の惑星がニビル星なのではないかという憶測も流れている。

手塚治虫　なんで、あなた、そんなのを決めつけられるの？

栗崎　何となく感じたのですけれども（笑）。

手塚治虫　何となく……。それは、あれでしょ？　あの〝ピョンピョン〟さん（ドクター・中松《なかまつ》氏）でしょ？

栗崎　はい。

手塚治虫　〝ピョンピョン大明神《だいみょうじん》〟の影響《えいきょう》なんでしょうが（注。考古学者のゼカリア・シッチン氏の守護霊《しゅごれい》は、ドクター・中松氏の魂《たましい》の出自《しゅつじ》について、もともとは宇宙人〔ニビル星人〕だったと語った。前掲《ぜんけい》『「宇宙の法」入門』参照）、まあ、ニビル星っていうことはないけど、ちょっと通《とお》ったことはあるかな。

斎藤　通ったことはある？　（ニビル星を）体験されたのですか。

手塚治虫　うーん。通ったことはある。

斎藤　ニビル星を？

手塚治虫　うん。ちょっとだけね。でも、元は違う。それは、元は違うよ。
生前は、〝ベレー帽《ぼう》〟で宇宙と交信していた？

栗崎　元は、どこの星ですか。

手塚治虫　元は、何だか、「宇宙の始まり」からいたような気がするな。

栗崎　うーん。本当ですか？（笑）

手塚治虫　〝エル・カンターラ〟とかいう神様がいて、「手塚よ。おまえが絵を描くのじゃ。おまえのデッサンに合わせて宇宙をつくるぞよ」と、こう言われたような気がするな。

栗崎　ちょっと、「本当かなあ」という感じがするんですけれども。

手塚治虫　ハハハハ（笑）。

斎藤　手塚先生は、今、あの世に還《かえ》られているわけですが、宇宙人であるというご自覚はお持ちなのですか。

手塚治虫　●ベレー帽《ぼう》に突起《とっき》物があるだろう？　あれがね、アンテナなんだよ。

斎藤　はい？

手塚治虫　実は、宇宙と交信してたのよ。

斎藤　え？　生前被《かぶ》っていた、あのベレー帽の突起物が、アンテナ代わりだったのですか。

手塚治虫　そうそう、そうそう。宇宙と……。

斎藤　宇宙と交信する象徴《しょうちょう》だったわけですか。

●ベレー帽　手塚氏のトレードマークであるベレー帽は、マンガ家を象徴するファッションにもなった。手塚氏は取材時に必ずと言ってよいほどベレー帽をかぶっていたが、一説によると、実際の仕事時はベレー帽でなく鉢巻き姿だったとも……（元アシスタントの福元一義氏）。

手塚治虫　宇宙とインスピレーションで結ばれてたのよ。

斎藤　うーん（笑）。今は、そのベレー帽がなくなって、何が出てきたのですか。

手塚治虫　ハゲになった（会場笑）。

斎藤　いやあ、そうではなくて……。

手塚治虫　（右手で頭を押《お》さえながら）放射能をいっぱい浴びてる。

手塚マンガに、突然《とつぜん》、ギャグキャラクターが登場する理由

斎藤　やはり、いろいろ見える宇宙のビジョンがあるのではないですか。どんな宇宙にご関心がありますか。あるいは、関心のある星とか……。

手塚治虫　うーん、そうだねえ。「ユーモアの星」が少ないのよね。

斎藤　ユーモアのある星が少ない？

手塚治虫　うん、うん、うん。少ないのよ。どっかで、ユーモアのある星を、もうちょっとつくらないといけないいんだよな。

斎藤　手塚先生は、「ヒューマニズム」だけではなくて、「ユーモア」も大切にされ

ているのですね？

手塚治虫　そうなのよ。「ユーモア」がないところは面白《おもしろ》くないよね。〝赤い砂漠《さばく》〟みたいなもので、美しくない。だから、もう少し美しくならないかんね。

斎藤　ああ。先生の作品では、シリアスな物語のなかに、突然《とつぜん》、「ヒョウタンツギ」などのキャラクターが、ポッと出てきたりとか、そういうことがありますが。

手塚治虫　まあ（笑）。

「スター・システム」という手法を採用した手塚作品

手塚マンガにしばしば登場するおなじみのキャラクターには、映画に出演する俳優のように配役する「スター・システム」が採用され、手塚氏は各キャラの所属や出演料等のランク表まで作成していた。最も有名な「ヒゲオヤジ」をはじめ、悪役の「アセチレン・ランプ」や「ハム・エッグ」、少年役の「ケン一《いち》」「ロック・ホーム」など、一つのキャラが複数の作品に出演。手塚氏自身も「手塚治虫」というキャラとしてさまざまな作品に登場し、役を演じている。

○ヒゲオヤジ

中学時代の友人が祖父を描いた落書きを借り、『オヤジ探偵』で主役を務めた。手塚作品でも最古のキャラクター。

○ヒョウタンツギ

スター・システムとは別枠で登場する謎のキャラクター。手塚氏の妹の落書きから生まれ、シリアス・シーンなどで突然現れる。似たような役割の謎キャラとして「スパイダー」なども有名。

斎藤　手塚先生とお話をしていると、そういう感じがすごくするんですけれどもね。サブキャラクターというか、脇役《わきやく》というか……。

手塚治虫　ちょっと、それは……。君らだって、(映画)「仏陀再誕《ぶっださいたん》」で、そんなのを一回、使っただろうが。ああ？　なんか変なのを。ね？　ああいうギャグはいけないよ、〝シーリアスな〟物語のなかでは。ねえ？

斎藤　でも、先生の作品には、それがよく出てきますよ。「ヒゲオヤジ」が出てきたり……。

手塚治虫　まあ、それは……。ハハハ。あれは、もうギブアップのときなんだよ。あれを描いて、ちょっと時間を稼《かせ》いでるんだよね。

斎藤　ああ、時間稼ぎでやっているわけですね？

手塚治虫　そうそう、そうそう。あれを描いて、考えてるのよ。

斎藤　そういうことですか。

手塚治虫　うん。

「君らの宇宙人リーディングは、ロボットの出方《でかた》が足りん」

斎藤　「ユーモアを大切にされている」ということで……。

ただ、まあ、宇宙人の話から、少しずつ少しずつ、ずれてきたのですが、後学《こうがく》のために、どうしても、それをお聞きしないと……。

手塚治虫　いやあ、君ねえ、（今日は）私は「手塚治虫」として来たんだよね。

斎藤　はい。いちおう、手塚治虫様は、日本の文化人として、偉大《いだい》なマンガの神様として、かなり認知されていますので、ご安心ください。

手塚治虫　それは、あっという間に、瞬間《しゅんかん》的に、宇宙創造の物語ぐらい思いつきますよ、私は。「そこで、巨大《きょだい》ロボットをつくって、そのロボットが……」というような話は、すぐつくれますけどね。しかし、君の、その〝編集ロボット〟能力では、やはり無理だろう？

斎藤　そうですか。ぜひ、その秘密の一端《いったん》をご開示いただくと、現代に生きているわれわれ人間が非常に助かるのですけれども。

手塚治虫　君らの「宇宙人リーディング」は、ロボットの出方《でかた》が、ちょっと足りん。出来が悪いな。

斎藤　ああ、ロボットの出方が足りない？

手塚治虫　うん。あんな、サイボーグの〝あれ〟だろ？

斎藤　グレイですか。

手塚治虫　ああ、グレイだ。そんなのしかいないじゃん。もっともっと創造しなく

グレイ　宇宙人のタイプの一つであり、多数の目撃報告がある。身長は1メートル20センチぐらいと小柄で細身。頭部は巨大で、黒曜石のような色をした大きな目を持つ。なお、グレイは、「サイボーグの一種」であることが明らかになっている（『グレイの正体に迫る』〔幸福の科学出版刊〕参照）。

ちゃ駄目《だめ》だよ。

斎藤　ロボットをですか。

手塚治虫　うん。面白いロボットをいっぱい出してこなきゃ駄目じゃないか。

鴇田　そうしますと、科学が発達した星でしたら……。

手塚治虫　当ったり前よ。（地球より）千年も発達してたら、ロボットがいないわけないじゃない。

斎藤　いや、千年も発達した星は、そう多くないのですけれども……（笑）。

手塚治虫　ロボットぐらい、いなきゃおかしいでしょう。それは出てこなきゃいけない。

マンガの神様の出身星は「手塚星《てづかせい》」？

斎藤　（出身星は）どのあたりですか。プレアデスか何かですか。

手塚治虫　うん？

斎藤　プレアデス？

手塚治虫　いやあ、プレアデスって……。（栗崎を指して）そこで睨《にら》みつけてるじゃないか。

斎藤　（苦笑）いや、いちおう、言ってみただけです（会場笑）。

手塚治虫　（笑）睨みつけてるからさ。

斎藤　ベガとか、そういうところですか。

手塚治虫　いやあ、あるいは、「手塚星《てづかせい》」っていうのがあるんだよ。

斎藤　「手塚星」？　いや、またそういう……。まあ、ここに来る方は、だいたい、「○○星」といって、自分を中心にした星をおっしゃいますけれども（笑）。

手塚治虫　まあ、私は、神様だからね。一つの宇宙の中心神というか、宇宙の……。

斎藤　「(自分は)宇宙の中心神だ」と主張される方も、非常に多いのですけれども。

手塚治虫　マンガ家の星だから、「スター」なんだよ、ほんとに。

斎藤　あなたのお心のなかには、攻撃性《こうげきせい》などはないですか。

手塚治虫　攻撃性は、マンガ家としては、それは、可能性が……。

斎藤　いや、「(手塚治虫氏は)負けず嫌《ぎら》いだった」と聞きますけれども。「若手が来てもバシッと切って、決して育成することなく、自分だけが勝つ」というような感じで、後半は、そのように生きておられたという批判も一部にはあります。

手塚治虫　ああ、君、すごく刺激《しげき》してくるね。

●**手塚氏の「負けず嫌い」について**　手塚氏は若手マンガ家にライバル心をむき出しにしたと言われるが、「マンガの神様」とも評される自分の地位に固執せず、「僕は3年に一度新人になるんです」と語り、人気作家の手法は自分の作品にすぐ採り入れてみるなど、常に自己イノベーションに挑んでいたという。

斎藤　（苦笑）いや、いや、いや。

手塚治虫　僕《ぼく》は言論人じゃないから。言論で対決する言論人じゃないので。

斎藤　いや、そのような、取材をされた方のインタビュー録もあったりしまして……。

手塚治虫　ああ。それは、君ね、最期《さいご》、僕は胃にきたんだからさ。それは、機嫌《きげん》が悪くなることはあるよね。

斎藤　なるほど。

手塚治虫の霊的《れいてき》な姿は、何に似ている？

栗崎　失礼ですが、動物のような形をしていませんか。

手塚治虫　あら？　あなた、嫌《いや》なことを言うじゃない。

栗崎　タヌキのように視《み》えてくる気がするんですけれども。

手塚治虫　タヌキ！　嘘《うそ》つきだと言いたいのね？　いや、これね、大川隆法がタヌキに似てるんだよ。

栗崎　そんなことはございません。

手塚治虫　（ジャケットの下襟《したえり》をつまみながら）〝タヌキ〟がタヌキ色の服を着てるじゃないの。

栗崎　（頬《ほお》のあたりを指して）ここが丸くなっていて、茶色くて……。

手塚治虫　それは、パンダの間違いじゃない？

栗崎　いいえ、パンダではありません。

手塚治虫　そお？

栗崎　尻尾《しっぽ》も、ちょっと太めの尻尾があるような気がします。

手塚治虫　要するに、あなたは、私を〝妖怪《ようかい》の親分《おやぶん》〟にしようとしてるわけね？

栗崎　「妖怪のほうも興味がある」と言われたところから、ちょっと……。

手塚治虫　うーん。ちょっとないわけではないけども……。
しかし、マンガ家が妖怪だったら、子供たちががっかりするじゃないか。妖怪を描けるマンガ家がいてもいいけど、「マンガ家が妖怪」っていうのはまずいじゃない。ねえ？

斎藤　でも、ご子息である手塚眞《まこと》さんも、「小さいころから妖怪が好きだった」とご著書などに書いてありました。彼は、今、ビジュアリストという名前を用いて映画監督などでもご活躍《かつやく》されていますが、妖怪だらけの世界にも関心がおありのようで……。

手塚治虫　妖怪の世界は、「創造性満点」だよね。まあ、それは満点だよね。

斎藤　体が変化するからですか。

手塚治虫　うん、うん。要するに、変化に耐《た》えられるというか……。

ああ、だから、妖怪はみんな、ベガ星から来たんだよ。（栗崎を指して）あなた、うれしいだろ？　ベガ星からみんな来たんだよ、妖怪っていうのは。

栗崎　（苦笑）いやあ、それは、ちょっと……。

手塚治虫　体を、いくらでも変化できるから……。

栗崎　「信仰《しんこう》しているものが違う」と思います。

手塚治虫　そうかなあ？

栗崎　はい。

斎藤　では、手塚先生は、ベガ的なほうの性質で、プレアデスとは違う路線の人ということですか。

手塚治虫　いやあ、いやいや。（合掌《がっしょう》しながら）妖怪はね、〝大ダヌキ〟に向かって、「エル・カンターレ」と呼んでるんだよ。

栗崎　やはり、あなたは〝タヌキ〟ということですか。

手塚治虫　いやいや、四国の大きなタヌキがいるよね。それをエル・カンターレっていうんだろ？（像が）立ってるやつ。あれが、エル・カンターレ信仰なんだ。な？　タヌキを祀《まつ》ってるんだよね？　そうなんじゃない？（栗崎に）あなた、〝言って損した〟よ。

栗崎　いえいえ。

手塚治虫　人を〝いじめる〟と、そういうことになるので、気をつけるんだよ。

8　手塚治虫は幸福の科学の映画をどう見ているか

「自由な、創造性が発揮できる風土でなければ駄目《だめ》」

斎藤　今、幸福の科学では、大川隆法総裁先生が製作総指揮をされたアニメーション映画「神秘の法」（二〇一二年十月公開）や、大川総裁のご子息である大川宏洋《ひろし》さんが中心となった実写映画「ファイナル・ジャッジメント」（二〇一二年六月公開）もつくられています（収録当時）。

手塚治虫　ああ。

2012年6月公開の実写映画「ファイナル・ジャッジメント」（製作総指揮・大川隆法／企画：大川宏洋／幸福の科学出版／日活）、同年10月公開のアニメーション映画「神秘の法」（製作総指揮・大川隆法／幸福の科学出版／日活）。

斎藤　幸福の科学のつくった映画については、先ほど少しコメントを頂きましたが、例えば、これから世界に進出したりしていくと思います（注。映画「神秘の法」〔二〇一二年公開。製作総指揮・大川隆法〕は、二〇一三年ヒューストン国際映画祭において「スペシャル・ジュリー・アワード」を受賞、映画「ＵＦＯ学園の秘密」〔二〇一五年公開。製作総指揮・大川隆法〕は、アメリカの第88回アカデミー賞長編アニメーション部門の審査《しんさ》対象に選出された）。

そこで、限界突破《とっぱ》して、より多くの人に観《み》ていただけるような、人気が出て、教えが伝わるような「ヒットの秘訣《ひけつ》」がありましたら、手塚先生からコメントを頂ければと思うのですが、いかがでしょうか。

手塚治虫　ああ、それは無理だねえ。この教団のカルチャーから見たら、無理なんじゃないかな。

斎藤　（苦笑）どのようなカルチャーに見えるのですか。

手塚治虫　もうちょっと「マンガ的な生き方」ができる人が多くないと無理だよ。

斎藤　マンガ的な生き方？　それは、どのような生き方でしょうか。

手塚治虫　ここは、全体が〝むさい〟じゃないか。

斎藤　全体が〝むさい〟というと？　その「むさい」という言葉の意味をもう少し教えてください。

手塚治虫　うーん。だからまあ、みんなが〝巣鴨《すがも》プリズン〟（第二次大戦後、GH

Qが東京都豊島区《としま》にあった東京拘置所《こうちしょ》を接収して設置した戦犯《せんぱん》の収容施設《しせつ》）のなかに生きてるような感じじゃない？

斎藤　〝巣鴨プリズン〟のなかに生きている（苦笑）。もう少し具体的に言うと……？

手塚治虫　〝巣鴨プリズン〟のなかでマンガを描くのは、そんなに楽しくないよ。

斎藤　「もっと破天荒《はてんこう》に」ということですか。

手塚治虫　うーん。だからさあ、風土として、もうちょっと自由な、創造性が発揮できるようでなきゃ駄目《だめ》だね。

「人間社会の悪」を描かないと、人々の共感は得られない？

鴇田　今、当会の信者にも、マンガ家はかなりいます。少年誌の看板作家をはじめ、二十代でも、デビューしている方が何人か……。

手塚治虫　幸福の科学でマンガを描くと、全然、面白《おもしろ》くなくなるんだろ？　そうじゃないか？　そうだろ？

鴇田　いや、あの……（苦笑）。

手塚治虫　〝規制〟がかかってさ。ね？　「こんなことを描いちゃいけないんじゃないか」とか思って、だんだんギューッと締《し》まってくるんじゃないの？　「やってはいけない三つのこと」とかいって、（鴇田に）あなたが決めてるんじゃないの？　それこそ神様に代わって。ええ？

鴇田　（苦笑）そういうなかで、今後、幸福の科学として、宗教の素晴《すば》らしさをテーマにしたマンガをつくっていきたいと思っています。その際、エンターテインメント性を融合《ゆうごう》した作品を創造していくことで、この教えを広げていくきっかけになったらと思うのですが、何かヒントなど、ありますでしょうか。

手塚治虫　まあ、分かるけどさあ。あんたがたは、「悪」を知らなすぎるよな。「善」だけ描いて「悪」を描かないけど、実際の人は、その「悪」で苦しんでるんだよ。「人間社会の悪」で苦しんでるんだけど、あんたがたは「悪」を知らなすぎるわな。避《さ》けて通ってるよな。光明《こうみょう》思想っていうのか知らんけどさあ、「光だけ見る。太陽ばっかり見る」っていう傾向《けいこう》が、みんなあるよなあ。

それは、マンガとして見たら、まあ、「鉄腕《てつわん》アトム」みたいであるといえばそうなのかもしれないけど、「鉄腕アトム」だって、「悪」をやっつけるところはあるからさ。

（幸福の科学が）もうひとつ共感を得られていないのは、その「人間悪についての学び」が少ないからなんじゃないかな。

アニメ映画の「ブッダ」では、「生《しょう》・老《ろう》・病《びょう》・死《し》」や「戦乱による苦しみ」、あるいは「階級制による苦しみ」みたいなのを描いているけどね。そういう背景があって、「世を救いたい」という、悟《さと》りを求める人が出てくる、とまあ、こういうような設定になっている。

だけど、あんたがたは、けっこう〝こりゃこりゃ〟と生きてるから、「悪の部分」でつまずいて、苦しんでいる人たちを共感させるようなものが、ちょっと足りないんじゃないかな。

「現代では、『どんでん返し』のある複雑なストーリーが好まれる」

手塚治虫　マンガとして見たら、そのへんが面白みに欠けていて、非常に「単調になる傾向」があるわな。要するに、「結論」が先に見えてしまうところがあるわけね。そのへんが問題かな。

やっぱり、小説でもマンガでも、現代的なものはみんな、「どんでん返し」がいっぱいあるような、複雑な人格やストーリーが好まれるもんでね。例えば、ドジな人が問題を解決してみたりとか、実は、とんでもない人が犯人だったりとかね。まあ、いろんなことがあるでしょ？　少しはそういうところがないと、面白みがないのね。エンターテインメント性がね。

だから、マンガ的なものではちょっと広がりが足りないし、あなたがたの〝戒《かい》律《りつ》〟をあんまりかけたら、きっと、信者のマンガ家さんたちのマンガの売れ行きが落ちてくると思うよ。「ちょっと殺しが多すぎるから、減らそうかな」とかし始めるからさ。そうなると思うな。

マンガの世界は非現実の世界なんだからさ。「この世でやっちゃいけないことを、マンガのなかでやらせてやる。

それで、現実にはしないで済む」っていうかね。そういう代替物《だいたいぶつ》で経験するものもあるからね。「ああ、こんなことをやっちゃいけないな」と思うようなことを、マンガの主人公がやるのを見て、自分はしないで済むというようなところもあるからさ。そのへんの、鏡に映《うつ》った姿を見てるところを知ってないといけないよな。

要するに、鏡に映ってるのが「善なる姿だけ」だと、本人のほうの学びが少なくなるところはあるんじゃないかなあ。

（鴇田に）あなた、規制をかけてると思うよ。マンガ家が来ても、きっと、一定の圧力がかかってるんだよね。「こういう方向で描かないと通らない」っていうのがかかってるよ。

だけど、それは売れない方向なんだよ、必ずな。（幸福の科学出版の）社長によく言うとけよ。きっと売れない方向だからね。

レプタリアンを暴《あば》れさせれば、いいマンガができる？

斎藤　今のお話からすると、「悪をよく知って、苦しみを見た上で、共感するものをテーマとして打ち出したほうが売れる方向になる」という考えですか。

手塚治虫　レプタリアンなるものも、いっぱいいるんだろ？　彼らに、「もっとちゃんと凶暴《きょうぼう》性を出しなさい」と……。

斎藤　それは、どういうことですか。

手塚治虫　凶暴性を発揮したら、タイプとしては非常にはっきり出てくるじゃないか。それを、一生懸命《いっしょうけんめい》、〝違《ちが》うように〟見せてるからいけないのよ。レプタリアンに袈裟衣《けさごろも》を着させて、〝お坊《ぼう》さん〟をさせてちゃ、宝の持ち腐《ぐさ》れじゃないですか。暴《あば》れさせるんですよ。

斎藤　暴れさせる……。

手塚治虫　そうしたら、それを描けばいい。

斎藤　はあ。それは、もっと「エネルギーを出す」ということでしょうか。

手塚治虫　本能のままに、キングコングになりたい人はならせるし、ワニになりたい人はワニ

レプタリアン　宇宙に広く存在する、爬虫類的性質を持つ宇宙人の総称。「力」や「強さ」を重視し、一般に攻撃性、侵略性が強く、「悪質レプタリアン」（左）とされる者もいる一方で、彼らのなかには、神仏への信仰心を持ち、地球を守護したり、地球文明の進化に貢献したりする「信仰レプタリアン」（右）となった者もいる。（映画「ＵＦＯ学園の秘密」より）

にならせるし、龍《りゅう》になりたい人は龍にならせる。自由にやらせて、それを描写《びょうしゃ》、活《かっ》写《しゃ》すれば、いいマンガが描けちゃう。
だけど、ここ（幸福の科学）は、みんなが、だんだん押《お》し寿司《ずし》みたいになってくるでしょう？　マンガ家にとっては、これは土壌《どじょう》が悪いですよね。うーん。

斎藤　なるほど。

「あなたがたは、自由と言いながら自由を知らないね」

斎藤　クリエーターとしては、そういう、本来持つエネルギーのようなものを、無《む》尽《じん》に、ダーッと規制なく出していくのが面白さにつながるということですね？

手塚治虫　そうそうそう。あんたがたは、「自由」という言葉をよく使うんだろうけど、自由と言いながら、自由を知らないな。

斎藤　「自由」と「奔放《ほんぽう》」は違うと思うのですが、「何でもかんでもやってみて」というのでは、やはり……。

手塚治虫　いやいや。君ね、「奔放」まで行く前の「自由」がだいぶあるんだけど……。

斎藤　「奔放に行く前の自由」というのは、非常に微妙《びみょう》なラインですけれども。

手塚治虫　「奔放へ行く前の自由」があって、奔放の先に「堕落《だらく》」があるんだろ？

斎藤　はい。

手塚治虫　「堕落の前の自由」、「奔放の前の自由」っていうように、まだ領域がかなりあるんだけど、君たちの場合、その前に〝自主規制〟っていうのがかかってるからね。

斎藤　ああ。では、自主規制をなくして、奔放の自由に入るギリギリのラインまで行くということですか。

手塚治虫　うん。その自主規制ラインから見ると、本来は、マンガなんか出せるようなところではないんだよな。

だから、アニメをやっても……、まあ、アニメっていったら、本当は子供が観て楽しまなきゃいけないものなんだけど、あれでしょ？　君らは、八十のじいさん、ばあさんが観て、涙《なみだ》を流すようなのしかつくれないんでしょ？　それは、アニメにしては、ちょっと〝重すぎる〟のよね。

斎藤　重い？

手塚治虫　〝重い〟んだよ。

斎藤　テーマが、ですか？

手塚治虫　〝重い〟んだよ。ただ、「年を取って、活字が読めなくなったから、アニメを観てる」というだけのことであってね。

斎藤　はあ。

手塚治虫　字が読めるなら、字を読んじゃうほうだね。

9　今のマンガやアニメをどう見ているか

新たなマンガ家の活躍《かつやく》にモヤモヤする理由とは

斎藤　今、日本のマンガですと、天上界《てんじょうかい》から見ておられてご存じかもしれませんが、例えば、『ONE PIECE《ワンピース》』というマンガは、三億部ぐらい発行されたりしているようです。

手塚治虫　ああ、うーん。

斎藤　『ドラゴンボール』というマンガは、世界的な記録で、海外版も含《ふく》めて何億部か行っているという話も聞いていま

尾田栄一郎《おだえいいちろう》『ONE PIECE』（集英社刊）は累計３億２千万部で、単一作家で最も多く発行されたマンガシリーズとしてギネス記録に認定されている。鳥山明《とりやまあきら》『ドラゴンボール』（集英社刊）も累計２億３千万部という。

すし……。

手塚治虫　ああ。君、そういう数字を僕《ぼく》に言わないでくれ。

斎藤　ああ！

手塚治虫　なんか、ムラムラくるからさ。

斎藤　ムラムラくる？

手塚治虫　うーん。

斎藤　「ポケモン」（「ポケットモンスター」）なども、すごく有名ですしね。

手塚治虫　ポケモンね。そうだな。うーん。

斎藤　あと、『美少女戦士セーラームーン』や『遊《ゆう》☆戯《ぎ》☆王《おう》』なども、アニメやゲーム、グッズとのメディアミックスという展開で、さまざまに……。

手塚治虫　それを聞いてると、何となく嫌《いや》な感じがするんだな。

斎藤　え？　聞いていると嫌な感じがするのですか。

手塚治虫　なんか、モヤモヤとしてくる。うん。モヤモヤ、モヤモヤッとして……。

斎藤　え？　それは、なぜですか。それは嫉妬心《しっとしん》ですか。

手塚治虫　何だろう？　何だろうねえ。

斎藤　もしかして、それは嫉妬心ではないですか。

手塚治虫　うーん。ちょっと有名になったからかなあ。

斎藤　はあ。

手塚治虫　要するに、あとからのものが、ちょっと有名になって……。

斎藤　あとから記録を塗《ぬ》り替《か》えるような、そういう、すごいマンガが……。

手塚治虫　うーん。数字を言われると、私は、ちょっと反応するんだよなあ。

斎藤　数字に反応してしまうのですか。

手塚治虫　しちゃうんだよなあ。うーん。

斎藤　なぜでしょうか。

手塚治虫　なんでかって？　やっぱり「借金」かなあ。

斎藤　借金（苦笑）。

手塚治虫　うーん。

斎藤　やはり、借金を背負って創造されていたからですか。

手塚治虫　私の場合、〝戒律《かいりつ》〟（に当たるようなもの）が「借金」だったから……。

斎藤　では、あまり自由ではなかったのですね。

手塚治虫　そうなんですよ。縛《しば》りつけられてて、ほんとに、宙吊《ちゅうづ》りにされながら、マンガを描いてるような状態だったからね。

斎藤　ああ。

天上界《てんじょうかい》と下界《げかい》とのコミュニケーションについては「勉強中」

斎藤　今は、自由を満喫《まんきつ》しておられると思いますが、そういう世界のなかで、地上界にご指導される方などはいらっしゃらないのですか。

手塚治虫　うーん。

斎藤　ご縁《えん》があったクリエーターや作家、マンガ家などは……。

手塚治虫　いや、いや、いや。それは君ね、今、勉強中だよ。

斎藤　え？　勉強中？

手塚治虫　勉強中というか、まあ、天上界《てんじょうかい》と下界《げかい》とのコミュニケーションについては、勉強中なんだよね。

「あの世では、チャップリンと会うことはある」

斎藤　「菩薩界《ぼさつかい》」という人助けの世界が、幸福の科学の大川隆法総裁の教えのなかにはありまして……。

手塚治虫　おお、「菩薩界」っていうのは、妖怪《ようかい》の世界のことかい？

斎藤　えっ？　妖怪の世界ですか？

手塚治虫　さっき、「（僕のことを）妖怪だ」って言ったじゃないか。

斎藤　でも、菩薩界のなかにも、「表側の世界」とか、いろいろありまして……。

手塚治虫　だから、いちばん偉《えら》い〝菩薩〟が〝タヌキの形〟をしてるんだろう？　うん？

斎藤　（苦笑）

手塚治虫　違《ちが》うのか？

斎藤　先生のお話を聞いていると、自由すぎて、話がクルクル変わりますが、どういう世界に……。

手塚治虫　（下を向き、両手で大川隆法のネクタイをパタパタさせながら）木《こ》の葉がこれこれ……。

斎藤　あまり、いじらないほうがいいと思います（笑）。

手塚治虫　ああ、ああ、ああ。

斎藤　手塚先生は、あの世で、利他《りた》の心を持った指導者の集まる「七次元世界」にいらっしゃるんですか？（注。以前の霊査《れいさ》で、手塚治虫氏は、七次元菩薩界出身であることが確認されている）

手塚治虫　まあ、そういう次元は、よくは知らないよな。次元は、よく知らないけどさ。

斎藤　チャップリンとはお会いするんですね？

手塚治虫　うーん、チャップリンとは会うな。会うことはあるな。

「ヒットラーにだって、取材に行ったことがある」

斎藤　チャップリン以外で誰《だれ》かいますか？

手塚治虫　チャップリン以外？　それは、もう誰とでも会いますよ、私は。

斎藤　有名人なんですね、あの世で。

手塚治虫　だから、マンガになる人だったら誰とでも。

斎藤　それは、ある意味で、「取材」に行くんですか？

手塚治虫　そうそう。「取材」にも行く。いちおう、いろいろな人を見に行くよ。いや、ヒットラーだって見に行ったよ。

斎藤　えっ、ヒットラーを見に行った⁉

手塚治虫　ああ、見に行ったよ。

斎藤　でも、それは、ずいぶん〝暗い世界〟ですよ。

手塚治虫　いやあ、〝暗い世界〟もクソもないよ。そんなものは、行けば終わりだよ。絵を描いてくればいいんだからさ。

斎藤　それで、またサッと帰ってくるんですか？

手塚治虫　うん、そうそう。

斎藤　危なくなかったですか？

手塚治虫　全然、危なくないよ。マンガ家なんていうのは、逃《に》げるのは簡単だからさ。

斎藤　（笑）手塚先生は、あの世でも作品を描いていらっしゃいますか？

手塚治虫　ヒットラーって画家なんだよ。君、知っとるか？　あんたと一緒《いっしょ》なんだよ（注。質問者の斎藤は東京芸術大学卒）。

斎藤　いやいや。ヒットラーと一緒にしないでください。

手塚治虫　あんた、ヒットラーの分身《ぶんしん》だよな。

斎藤　えっ!?　何をまた、危険な発言を（苦笑）。

日本のアニメ界は、宮崎駿《みやざきはやお》氏の作品の影響《えいきょう》を受けている？

栗崎　「ゲゲゲの鬼太郎《きたろう》」を描いた水木《みずき》しげる先生の守護霊《しゅごれい》さんとかにはお会いしましたか？

手塚治虫　ああ。水木さんは、ちょっと波動《はどう》が違うような気がするなあ。あんたは、

ヒトラーの霊言が収録された『国家社会主義とは何か』（幸福の科学出版刊）

仲間にしたいんだろうけど。くっつけたがってるんだろうけど、さすがに、水木さんと私のは違うんじゃないかね（注。二〇一五年十二月十二日に水木しげるの霊言《れいげん》を収録した。『水木しげる　妖怪ワールドを語る』〔幸福の科学出版刊〕参照）。

（鴨田に）どうだろうかね？　君、〝オタク〟さん。

鴨田　（笑）あるいは、日本の有名なアニメ監督《かんとく》で、宮崎駿《みやざきはやお》さんなども、やや妖怪の世界にシンパシーのある人なんですが……。

手塚治虫　そうだねえ。描いてるねえ。いや、だから、今回の「ブッダ」のアニメなんかも、ちょっと影響《えいきょう》を受けてるんじゃないかなあ、宮崎駿の（注。二〇一三年七月二十六日に宮崎駿の守護霊霊言を収録した。『「宮崎駿アニメ映画」創作の真相に迫る』〔幸福の科学出版刊〕参照）。

●**水木しげる作品のオバケについて**　手塚氏は、「たとえば水木しげるのマンガにオバケが出てくるでしょ。でオバケは一見デタラメみたいに見えるけど、実はそうじゃない。そのオバケが身近なんだな。ということはアイデア自体が非常にリアルでシリアスなんですよ」と語っている（「サンジャック」1974年3月号より）。

斎藤　ああ！　今回の「ブッダ」のアニメも、宮崎駿氏のつくった映画の価値観に影響を受けている可能性があるということですか？

手塚治虫　うーん。「ヒットする映画」っていう……。

斎藤　ああ、ヒットする分析《ぶんせき》をしたところ、残酷《ざんこく》性を入れたほうが衝撃《しょうげき》的だということですか？

手塚治虫　うん、なんか、アニメ界自体が、「もののけ姫《ひめ》」みたいなのに、ちょっと影響を受けてるんじゃないの？

斎藤　アニメ界自体が、ちょっと地獄《じごく》的な感じですか？

『水木しげる　妖怪ワールドを語る』
（幸福の科学出版刊）

『「宮崎駿アニメ映画」創作の真相に迫る』
（幸福の科学出版刊）

手塚治虫　アニメーターたちがねえ。地獄的かどうか知らんけど、そういう、戦乱で首を飛ばしたり、血を流したり、斬《き》ったり、手が飛んだりするような、普通《ふつう》は残酷でできないようなことを、アニメ界自体が、けっこう、ヒットするポイントの一つだと思ってる。

「幸福の科学のアニメ」をどう見ているのか

手塚治虫　だけど、幸福の科学のアニメでは、首が飛んだり、手が飛んだりしないんだろう？

斎藤　ええ。光を描いています。

生々しい描写に対する手塚治虫の考え方

映画「もののけ姫」の戦闘シーンでは、斬りつけた敵の腕が刀を握ったまま宙をクルクルと飛んでいくなど、生々しい描写が数多くあるが、「手塚治虫のブッダ――赤い砂漠よ！　美しく――」の戦いの場面でも「もののけ姫」の表現を意識したと思われる描き方がなされている。
なお、生前の手塚氏自身は、血を見るのが大の苦手で医者を断念したという説もあるとともに、特に子供に対する教育的配慮として、「やたらに人の首がとんだり、手がとんだり、血が流れたり、そういったものを果たして子供に見せるべきなのか。私は絶対反対です」といったことを述べている。

手塚治虫　胴体《どうたい》が割れたり、血が流れたりしないんでしょう？　みなさん、何か、おきれいにお亡《な》くなりになるんでしょう？

斎藤　おきれいに（笑）。いや、戦乱シーンといいますか、戦いのシーンは、もちろんございますけれども。

手塚治虫　それは、大川隆法が、そういう、斬ったり、血を流したり、殺したりするようなのが、あまり好きじゃないからだ。だから、ちょっと流せない。

斎藤　そうですね。映画「ヘルメス――愛は風の如《ごと》く」（製作総指揮・大川隆法。一九九七年公開）などでは、もちろん、戦乱のシーンや、ミノス王という悪の王様と戦うシーンもありますが……。

手塚治虫　うん、戦闘《せんとう》シーンだろうけど、ヘルメスなどは〝必殺仕事人〟だよ、きっとね。なんか、いろいろあるじゃない。「木綿針《もめんばり》みたいなものでプスッと刺《さ》して、コトッと死ぬ」とか。きっと、ああいうきれいな殺し方をするんじゃないか、ヘルメスっていうのは。

斎藤　（苦笑）何かまた、すごく〝古風《こふう》な〟言い方をされますね。

手塚治虫　ハハ、ハハ。

斎藤　もう少し西洋的だと思いますけれども。

手塚治虫　（笑）ああ、そうかい。

映画「ヘルメス――愛は風の如く」（製作総指揮・大川隆法。1997年公開／東映）

手塚治虫が「ディズニーに敵《かな》わない」と思うところ

斎藤　今までのお話で、「世界に広がるためには、つくり手に自由性が必要である」ということや、「悪を犯《おか》した人が変わっていくところに、人は共感を覚える」ということなどを教えていただきました。

そこで、もし現在もう一回生まれ変われて、肉体を持たれて、映画を自由につくれるお金を出してくださるパトロンの方がいて……。

手塚治虫　あんたがたね。

斎藤　ええ。「お金で苦労しなくて済む」という仮定で……。

手塚治虫　だから、ディズニーに敵《かな》わないと思うのは、「事業家能力」だよね。お金を自由にできたところが、やっぱりすごいなあと……。

斎藤　ディズニーは、事業家能力があるわけですね。

手塚治虫　あるよなあ。

それと、「あんなネズミをあれだけのスーパースターにして、あのキャラクターを世界中に広げた」っていうのは、ちょっとすごいよね。「ネズミっていう、ありふれたものを、あれだけ人気者に変えた」っていうところは、すごいんだよなあ。

ネズミ自体は、現実に存在するものだからね。あれをあれだけの人気者に変えたっていうところは、すごいなあ。あれは〝逆転〟だよね。ネズミって嫌《きら》われるものだものね。正反対だよね。

斎藤　ええ。今、ディズニーランドは、世界的に癒《い》やしの場所となっています。

手塚治虫　うーん。ねえ。あれ（ネズミ）は、貧しく汚《きたな》い所にいて、嫌われるものだからね。あれを〝人気者〟にしてしまってるでしょう？　あれは一つの革命だなあ。鉄腕《てつわん》アトム自体は存在しないもので、空想だけどねえ。あと、「事業家能力」は、やっぱりすごい。まあ、協力する人もいるんだろうと思うけどね。ただ、そういう協力する人がいたとしても、トップにそれを使う能力がなければ使えないからねえ。そういう人がいても、仕事ができないからね。

マンガ家とかアニメ家なんかは、やっぱり、「事業家能力」として小さいと思うよ。弟子《でし》たち、書生《しょせい》たちを食わせられるかどうかぐらい？　あと、アシスタントたちを食わせられるかどうかで、大きいところでも百人もいたら、ほとんど死にかかってるだろう。

もう宮崎（駿）さんのところだって、年取ってるか

『ウォルト・ディズニー「感動を与える魔法」の秘密』（幸福の科学出版刊）

ら、みんな、今、必死の形相《ぎょうそう》だろう。ねえ？　分かるよ。もう年齢《ねんれい》に勝てないから
ね。

「アイデアが湧《わ》いてこなかったら、潰《つぶ》れる、潰れる」って、毎日、呪文《じゅもん》のように
……、なんかお経《きょう》みたいに言ってるんじゃない？　「ああ、もう年取ったら描けな
いかもしれない。アイデアが出てこないかも。絵が描けないかも。もう潰れる、潰
れる、潰れる、潰れる。息子《むすこ》に才能はない、ない、ない、ない、ない、ない」って、
なんか拝《おが》んでるような声が聞こえてくる気がする。

斎藤　うーん。

10　もし今、手塚治虫が映画をつくるなら

「『スター・ウォーズ』を超《こ》える、宇宙の大叙事詩《だいじょじし》を描きたい」

斎藤　そうすると、もし今、本当に、「映画をつくっていいよ。アニメをつくっていいよ」と言われたら、何をつくりますか？

手塚治虫　うん、「何をつくるか」かあ。

斎藤　はい。もうズバリ、どんな作品をつくられますか？

手塚治虫　うーん、そうだね。君らは、今、「宇宙もの」をやろうとしてるんでし

よう？（注。二〇一五年十月、大川隆法製作総指揮による九作目の映画「ＵＦＯ学園の秘密」（アニメーション）が全国でロードショー。アメリカやカナダでは、日本に先立って劇場公開された）

斎藤　そうですね。現時点では内容を詳《くわ》しくは申し上げられない立場にあります（笑）。

手塚治虫　そう、そう。だから、「スター・ウォーズ」を超《こ》える「宇宙スペクタクル」を描きたいなあ。

斎藤　ほう！「スター・ウォーズ」を超える宇宙スペクタクルですか？

映画「ＵＦＯ学園の秘密」（2015年公開／製作総指揮・大川隆法／幸福の科学出版／日活）は、日本での封切りに先立ち、2015年９月にアメリカ・ロサンゼルス「ワールドプレミア上映会」で先行公開。本作はアメリカの第88回アカデミー賞長編アニメーション部門の審査対象に選出された。

手塚治虫　う―ん。「スター・ウォーズ」は、もう古いだろう？　あれは、ちょっと前のものだからさ。それを超える未来の、もう一段進んだ宇宙の大叙事詩《だいじょじし》を描きたいなあ。

斎藤　大叙事詩を？

手塚治虫　うん。お金は、なんぼ使ってもええ。面白《おもしろ》い作品には「実は、実は、実は……」がある

斎藤　主人公はどんなタイプにしますか？

手塚治虫　主人公は、やっぱり君みたいなハンサムな……。

斎藤　また、〝心理戦〟によって精神的な影響《えいきょう》を与《あた》えようとしていますね（笑）。

手塚治虫　（笑）

斎藤　話をごまかさないでください（苦笑）。私はそういう者ではありませんから。それは重々承知《じゅうじゅうしょうち》していますけれども。

どんな主人公ですか？

手塚治虫　いや、君ねえ、それがいちばん大事なところだからね、主人公の設定がね。

斎藤　ええ。その主人公の設定を、ぜひ教えてください。もし、今、マンガの神様が地上にお生まれになったら、どのようにされますか？

手塚治虫　そうだねえ……。やっぱり伏線《ふくせん》があって、最後まで、「実は隠《かく》されているもの」がなかったら、面白《おもしろ》くないと思うなあ。

斎藤　秘密を隠すんですね？

手塚治虫　うん。「最初から最後まで分かっている」っていうのは、ほんとは面白くないと思うな。「実は、実は、実は、実は……」と、だんだんだんだんに分かってくるみたいなのがいいなあ。そういうのを、第一部、第二部、第三部とつくっていくと、面白いと思うな。そこまでぐらいは構想をつくってさ、最終章まで観《み》ないと、どんでん返しがあって本当の姿が分からない。

だから、「本当は悪魔《あくま》だと思っていたやつが神で、神だと思っていたのが悪魔だと思ったら、それもまた違《ちが》っていて、脇役《わきやく》だと思ってたやつが本当の神様だった」

みたいな感じの、そんなのをいっぱいつくっちゃうかも。

斎藤　ああ、最初に観ただけでは、善悪がよく分からない世界なんですね。

手塚治虫　うん。引っ繰り返していくの。

斎藤　〝引っ繰り返す世界〟が好きなのですか。

手塚治虫　うん、うん、うん、うん。どっちがどっちだか分からないように。

斎藤　どんでん返しをたくさんつくるんですね。

手塚治虫　だんだんだんだん、分からない世界に引きずり込《こ》んでいって、「謎《なぞ》の世界」に入っていかせるね。

斎藤　視聴者《しちょうしゃ》の期待を裏切って、どんどんどんどん分からない世界に持っていくという感じですか？

手塚治虫　うーん。だから、「謎解き」を七十二通りぐらいは打ち込むね。

斎藤　えっ!?　七十二通りも打ち込むのですか。

手塚治虫　そのくらいは打ち込んで、つくるね。

斎藤　一つの作品のなかにですか？

手塚治虫　一つの作品じゃ無理だから、何部かつくる。

斎藤　その「サーガ（長編の英雄《えいゆう》伝説）」のなかにですか？

手塚治虫　うん、うん。そのくらいまで考えるね、トリックを。

斎藤　トリックを考えるわけですね。

手塚治虫　（トリックを）考えてから、構想をつくるね。だから、「最初」と「最後」は考えるけど、その間に「トリック」を埋《う》めなきゃいけないいんだよ。

視聴者《しちょうしゃ》を惹《ひ》きつける秘訣《ひけつ》は“To be continued《トゥビーコンティニュード》”

斎藤　何か、〝タヌキ〟っぽいですね（笑）。いや、すみません。

手塚治虫　タヌキっぽい？　あっ、そう？　じゃあ、やめた。

斎藤　いや、いや、いや、いや。トリックを七十二通りも考えられるお力というのはすごいことで……。

手塚治虫　“Trick《トリック》”っていう英語を使って、「タヌキ」と言われたんじゃ、もう、立つ瀬《せ》がないよね。

斎藤　すみません、すみません（苦笑）。これは、ただ言ってみただけですけれども。

手塚治虫　君ねえ、やっぱり観っててね、「次は、どうなるんだろう？」っていう、もっと単純な〝あれ〟だよ。韓国《かんこく》ドラマの「冬のソナタ」だってさあ、あんな単純な「すれ違い、すれ違い」で、なかなか成就《じょうじゅ》しないんだろう？　なかなか最後まで行きそうで行かないんだろ？

まあ、それは「惹《ひ》きつける秘訣《ひけつ》」の一つだからねえ。行きそうで行かないものは、やっぱり引っ張っていかなきゃいけないんだよ。これが大事なんだ、続きを観せるためには。“To be continued”《トゥビーコンティニュード》（次回に続く）で行かないとさ。

斎藤　“To be continued”で、ずっと続けていくわけですか。

手塚治虫　うん、うん。だから、君らは善悪の「悪」に弱いしさ、「恋愛《れんあい》」に弱いしさ、もう駄目《だめ》なんだよ。面白みが足りないのよ。「妖怪《ようかい》」にも弱いらしいしさ。

斎藤　妖怪に弱い……（苦笑）。

手塚治虫　うーん。もう駄目ね。だから、善悪を簡単に考えすぎるね。もうちょっと「ひねり」を入れていかないとね。

栗崎　でも、映画「手塚治虫のブッダ――赤い砂漠《さばく》よ！　美しく――」には、善悪が描《えが》かれていなかったように感じました。

手塚治虫　分かった？

栗崎　トリックもありませんでした。

手塚治虫　あら、そう。あっ、トリックはあった。トリックはあったよ。乗り移るやつがあったじゃん。

斎藤　映画に登場する少年のタッタのことですか？

栗崎　でも、数回だったような……。

手塚治虫　そう、そう。幽体離脱《ゆうたいりだつ》して、動物とかに乗り移ったりしてた。

栗崎　シャーマンのような……。

手塚治虫　そう、そう、そう、そう。トリックあったじゃん。あれは日本の仏教から見たら結構なもんで、「陰陽師《おんみょうじ》の世界」にちょっと近いよ。

栗崎　でも、善悪はなかったですよね。

手塚治虫　善悪は……、いや、だから、ブッダが善なんだよ。「戦争が嫌《きら》い」っていうのが善なんだよ。

栗崎　「シッダールタが戦争は嫌《いや》だから、城から逃《に》げていく」みたいな……。

手塚治虫　そう、そう。（登場人物のチャプラは）「（シッダールタは）何もかも見通すような目で見た」とか言ってたじゃない。

栗崎　ただ、「悟《さと》りを開くことが素晴《すば》らしい」という感じには描いていなかったので。

手塚治虫　だから、髪《かみ》の毛を落として坊主《ぼうず》になったら〝善〟なんだよ。はい、それで終わり。

斎藤　ちょっと待ってください（苦笑）。

手塚治虫　ハハハハ（笑）。

斎藤　それだと、善悪というのがよく分からないですよね。

「『無常《むじょう》さ』は仏教の出発点であり、最後までつきまとうもの」

手塚治虫　いや、伝統的仏教の善悪は、「俗世《ぞくせ》は悪」「俗世を離《はな》れて、出世間《しゅっせけん》は善」。これが伝統的仏教だね。これ以上のものはないのよ。坐禅《ざぜん》をやったって、何も分かんないもん。〝ボワーン〟ってね。神がない。無神論、唯物論《ゆいぶつ》でもなーんでもいい。

とにかく、三食ご飯《はん》をつくらなきゃいけないだけ。これが仕事だからね。まあ、仏教の悪口を言っちゃいけないね。だけど、お釈迦《しゃか》さんは何を考えてたかなんて、君ねえ、そんなものは描けるわけがないでしょう。
ただ、ブッダの出家《しゅっけ》の事情だけは、何となく分かるよ。それは、何を読んでもだいたい感じとしては分かるけど。それにこの世的な事情を少し付け加えて、やっただけやけどね。現代人に分かるような事情を、ちょっとね。

斎藤　思想性とか、何か訴《うった》えるメッセージとかに、こだわっているわけではないということでしょうか。

手塚治虫　だけどね、戦乱があって、出家があるんだよ。

斎藤　「生《しょう》・老《ろう》・病《びょう》・死《し》」があるということですか。

手塚治虫　それは、（日本の歴史で言うと）応仁《おうにん》の乱とかさ、あんなようなときの背景には、何か〝二重写《うつ》し〟になってるとは思うけどね。やっぱり、たくさん死ぬ人が出たら、念仏《ねんぶつ》を称《とな》える人も出るしさ、いろいろ出家者も出てくるんだよ。この世の悲惨《ひさん》さや、そういう無常さを見てね。

斎藤　そうですね。今回の「ブッダ」は、無常観的なものに特化・集中した映画ですね。

手塚治虫　それは、仏教の出発点ではあるけれども、最後までつきまとうもんだと、私は思うけどね。

斎藤　映画「ブッダ」は第二作、第三作と続いていくのですか？

手塚治虫　まあ、売れるっていうか、ヒットするかどうかによるんじゃない。

斎藤　あれで終わってしまったら、ブッダではないですよね（苦笑）。

手塚治虫　だって、あれからあとは物語にならないよ、あんまり。戦《いくさ》がなくなったら、ストーリーを描《か》くのは難しいだろうねえ。だから、ちょっと厳しいかなあ。作家本人がいない状況《じょうきょう》で、つくることができるかどうか（注。その後、二〇一四年二月に劇場版第二弾《だん》「BUDDHA《ブッダ》2　手塚治虫のブッダ――終わりなき旅――」が公開された。また、劇場版第三弾も公開予定と発表されている）。

まあ、君たちは、こんなもの（手塚治虫の霊言《れいげん》）をやってくれるから、信者が、「（映画「ブッダ」は観に）行かなきゃいけないもんだ」と思って、映画館に殺到《さっとう》してくれると、第二作ができる可能性はあるわね。

スピルバーグ監督《かんとく》は宇宙人に操縦されている?

斎藤　手塚治虫先生は、今朝《けさ》、大川総裁のところに霊体《れいたい》として来られたということもお伺《うかが》いしたのですが、「何かをものすごく伝えたい」という気持ちがおありなのでしょうか。われわれのみならず、日本の国民とか関係者とかに、何かメッセージはありますか?

手塚治虫　いや、日本は今、また元気がなくなりそうだからね。なくなっていきそうでしょう?「地震《じしん》だ、津波《つなみ》だ、原発だ」と、何だかんだ言って、〝縄文《じょうもん》式時代〟に戻《もど》っていこうとしてるらしいじゃない?

だから、明るい「科学の未来」みたいなのを、もうちょっと言わないといけないんじゃないかなあ。

なんか、原始帰り?　ルソーだなあ。「原始(自然)に帰れ」みたいな感じで、そっちに戻っていきそうな感じが、とっても強く感じられるなあ。
やっぱり、もうちょっと「明るい未来の建設」をイメージさせることは大事だな。だから、そんなマンガや映画が欲《ほ》しいねえ、できたらね。
まあ、〝終末映画〟ばっかり、二〇一二年までいっぱいかかってるんじゃ、ちょっとたまんねえな（注。マヤ暦では、二〇一二年に人類の歴史が終わる終末予言があるとされた）。

斎藤　映画監督《かんとく》でスティーヴン・スピルバーグという方がいます。手塚先生がお亡《な》くなりになったあとも、どんどんどんどん、いろいろなヒット作を出しております。

手塚治虫　「ジョーズ」か？

斎藤　ええ、そうですね。「ジョーズ」だけでなく、宇宙的な映画も出しています。

手塚治虫　「E. T.」？

斎藤　はい、「E. T.」ですね。「未知との遭遇《そうぐう》」から始まり、「SUPER8《スーパーエイト》」という宇宙系の映画も公開されるのですけれども（二〇一一年六月）。

とにかく、最近、スピルバーグ監督は製作総指揮というかたちで、「トランスフォーマー」だとかも全部絡《から》んで、いろいろされているのですが、手塚先生は、それらについて、天上界《てんじょうかい》からどのようにご覧になっていますか。

手塚治虫　あの人、もう〝乗っ取られて〟るんじゃ

スティーヴン・スピルバーグの映画作品から

「E.T.」（アンブリン・エンターテインメント／ユニバーサル・ピクチャーズ／CIC）

「未知との遭遇」（コロンビア映画）

「SUPER8」（バッド・ロボット・プロダクションズ／アンブリン・エンターテインメント／パラマウント・ピクチャーズ）

『トランスフォーマー』（ドリームワークス／パラマウント・ピクチャーズ／UIP）

ないの？

斎藤　乗っ取られている？

手塚治虫　うん。

斎藤　ぜひ、詳しく教えてください。よく分からないのですが。

手塚治虫　〝操縦《そうじゅう》〟されてるよ。

斎藤　操縦？　どういう意味ですか？

手塚治虫　宇宙人に操縦されてると思うよ。

斎藤　えっ!?　それは、「憑依《ひょうい》を受けている」ということですか。というか、コントロールされている?

手塚治虫　「憑依」という言葉が正しいかどうかは分からない。憑依というのを、地球人の霊によるものだと言うなら、それは違うけど、宇宙からの〝遠隔《えんかく》コントロール〟だから、完全に乗っ取られてるんじゃないかなあ。なんか、「メッセンジャー役」にされてるような気がするな。

斎藤　最初、スピルバーグ監督の作品には、非常に素晴らしいヒューマンドラマもあったのですが……。

手塚治虫　そう、そう、そう、そう。最近は暗いだろう?　暗いんだろう?

斎藤　はい。最近は、暗い感じの作品も多くなってきてはいます。

手塚治虫　うん。「宇宙人の恐怖《きょうふ》の支配がやってくる」っていうことを一生懸命《いっしょうけんめい》、なんかＰＲ役をさせられてるんじゃないの？

斎藤　それは、「宇宙人は怖《こわ》いな」とか、「宇宙人は強いな」とかいう感じですね。

手塚治虫　うん、うん。「（宇宙人は）ものすごく強いぞ。強くて怖くて、手が出ないよ」っていう感じ？

まあ、ほかにも、（コントロールを）受けてる人はいっぱいいると思うけど。たぶん、そろそろ手が回ってるね（注。その後、二〇一四年二月二十日に収録した劉《りゅう》邦《ほう》の霊言のなかで、劉邦は自らがスティーヴン・スピルバーグとして現代に転生《てんしょう》していると語っている。『項羽《こうう》と劉邦の霊言　劉邦編――天下統一の秘術』〔幸福の科学出版刊〕参照）。

斎藤　霊界《れいかい》から見ても、やはりそのように感じますか？

手塚治虫　うんうん、感じる感じる。やられていると思う。

「宇宙人に勝つ『新しいスーパーヒーロー』を生み出せ」

手塚治虫　スーパーマンも死んじゃったしね、とっくの昔にね。だから、「新しいスーパーマン」をつくらないといけない。バットマンでも、ちょっと暗いしなあ。あれも、（人類を）救うには暗いし、スパイダーマンじゃ勝てそうにないしな。もうちょっと新しいスーパーヒーローを編《あ》み出さないと。

斎藤　光に向かうスーパーヒーローですか。

手塚治虫　うーん。あと、鉄腕《てつわん》アトムは古いし、地球発の新しいスーパーヒーローをつくらないと。

斎藤　スパイダーマンを超えるスーパーヒーローを創出するということですね。

手塚治虫　「宇宙戦艦《せんかん》ヤマト」では、ちょっと古いわな。〝復古主義〟だからねえ。まあ、宇宙人に勝てるような新しいスーパーヒーローを生み出して、それで劇場で〝飛ばす〟といいと思うなあ。

斎藤　これは全世界的にスーパーヒーロー待望論で、発明して……。

『項羽と劉邦の霊言　劉邦編──天下統一の秘術』（幸福の科学出版刊）

手塚治虫　そう、そう。だから、宇宙人に勝てるやつを一つ、何としてもね。それは、まず「思い」から始まるから。そのイマジネーションがつくれなければ、駄目だろうね。
だから、新しい時代の「仏陀再誕《ぶっださいたん》」は、仏陀が〝トランスフォーマー〟になるのよ。

斎藤　仏陀がトランスフォーム（変身）する？

手塚治虫　うん。

斎藤　ど、どんなふうにですか？

手塚治虫　大仏になって歩き出すから。

斎藤　大仏になって歩き出す？（会場笑）　なるほど……。

手塚治虫　空も飛ぶ。

斎藤　ただ、さすがに〝規制〟がかかりますね（苦笑）。

手塚治虫　いや、古い仏教では、ちょっと駄目だね。キリスト教でも駄目だね。あるいは、「キリスト様が十字架《じゅうじか》を背負って空を飛ぶ」っていうのも面白いかもしれないなあ。

斎藤　十字架を背負って空を飛ぶ……。ちょっと待ってください（苦笑）。それは、キリスト教圏《けん》で上映できませんけれども……。

手塚治虫　十字架の後ろから、ロケットの炎《ほのお》をボーッと吐《は》きながら、ピョーッと飛んでいくなんて、なんか面白いかもしれないなあ。

斎藤　だんだん頭が混乱してきました。

手塚治虫　（両手で十字架を描くしぐさをしながら）カタカタカタカタカタカタッと、いっぱい出てくる。

栗崎　救世主をそのように使わないでほしいです。

手塚治虫　ああ、そうかなあ。

斎藤　ええ。これを善悪の問題のなかでは、「規制」というか、そうした精神的な「真理の世界」でどう尊ぶかでしょうね。

「トリック」を入れると面白《おもしろ》みが出る

手塚治虫　いや、スピルバーグは今、ちょっと悪いインスピレーションを受け始めているると見て間違いないので。それを打ち破って、「未来がある」というところを描《えが》かなければ意味ないよ。ただ単に、これでもかこれでもかと、恐怖映画をやっても駄目ですから。

やっぱり、正義のヒーローが……。そうだな、これは古いけれども、「(南総里《なんそうさと》見《み》) 八犬伝《はっけんでん》」風にいっぱい出てこないといけないんじゃないかなあ。

斎藤　「八犬伝」風に、いろいろなスターが出てくる感じですか。仲間がどんどん集《つど》ってくるような感じでしょうか。

手塚治虫　そう、そう、そう。「信《しん》」の玉、「義《ぎ》」の玉、「智《ち》」の玉……と、いろいろ出てくるような感じで、仲間が集まってくる。だんだんにいろいろな星から勇者が出てきて、集ってきて、戦えるような感じの、まあ、「八犬伝」の焼き直しだね。ちょっと、悪玉は必要だと思いますけど。悪玉と戦わなきゃいけないよね。だから、（幸福の科学の）理事長（収録当時）そっくりの悪玉の顔を描《か》いて、それをみんなでポポーンと棍棒《こんぼう》で叩《たた》く。

斎藤　それはやめてください（苦笑）。

手塚治虫　ああ、予算を削《けず》られるか。予算がなくなる？

19世紀前半期、滝沢馬琴《たきざわばきん》が著した大長編『南総里見八犬伝』。仁・義・礼・智・忠・信・孝・悌の文字が書かれた数珠の玉を持つ８人の若者が安房国里見家のもとに集結する物語。

斎藤　いやいや。今の理事長（収録当時）は、『レプタリアンの逆襲《ぎゃくしゅう》Ⅰ』『同Ⅱ』（共に幸福の科学出版刊）にも登場された、強い方であり、そこでは過去世《かこぜ》も関羽《かんう》雲長《うんちょう》だったと明かされていますが。

手塚治虫　それ、困るじゃない。それは困るじゃない。強かったら負けちゃうじゃない。

斎藤　えっ？　えっ？

手塚治虫　（正義のヒーローが）負けちゃうじゃないか。

斎藤　（苦笑）いや、理事長が正義のヒーローで出れば……。

『レプタリアンの逆襲Ⅰ』『同Ⅱ』（共に幸福の科学出版刊）

手塚治虫　正義のヒーローで出るの？　ああ、それは面白《おもしろ》いね。トリックとしては面白いね。

斎藤　「トリック」って、そんな……（苦笑）。

手塚治虫　トリックとしては、実に愉快《ゆかい》だよ。愉快なトリック。

斎藤　いや、いや、いや、いや。それはマンガの話ですから、妄想《もうそう》の世界に置いておくとして……（苦笑）。

手塚治虫　愉快だよね。それ、いいね。いや、面白いじゃない。正義のヒーローかと思ったら、「実は〝尻尾《しっぽ》〟が出てきた」なんていうのは、いいじゃん。

〝鬼《おに》〟をつければ、ストーリーをたくさん描ける？

斎藤　それはさておき、幸福の科学は、今後もどんどん映画をつくり続ける予定です（注。一九九四年以来、大川隆法製作総指揮のアニメ映画を七作品、実写映画では二作品を全国公開している。二〇一六年三月十九日から、通算十作品目の実写映画「天使に〝アイム・ファイン〟」を公開している）。

つきましては、手塚治虫先生のご協力、ご指導、ご鞭撻《べんたつ》を頂きたいと思いますけれども、いかがでしょうか。お力の一端《いったん》なりとも、ぜひ、このようなご縁《えん》を機会に賜《たまわ》ればと存じますが……。

手塚治虫　いやあ、君らみたいな報恩《ほうおん》の気持ちが少ない人と話しても、あんまり面白くはない。

映画「天使に“アイム・ファイン”」（2016年３月公開／製作総指揮・大川隆法／ニュースター・プロダクション／日活）

斎藤　そんな！　私は、報恩の気持ちが今だんだんと出てきています。

手塚治虫　まあ、それは、「映画のストーリーをマンガ風につくれ」と言やあ、つくれんことはないけど。

でも、原案は、「手塚治虫」と書くかい？

斎藤　いや、それは、よく協議・検討し……。

手塚治虫　アッハハハ（笑）。原案が「霊示《れいじ》・手塚治虫」だと、さすがに〝この世的〟にはぶつかりそうだな、ややね。

斎藤　「無償《むしょう》の愛」というとおり、ぜひ、風の如《ごと》く、ご指導いただけるとありがたいのですけれども。

手塚治虫　まあ、いろいろなことを思いつくけどね。まあ、思いつくことは思いつくけども。いや、やっていいなら、いくらでも思いついてくる。なんか、ムラムラ湧《わ》いてくるね。

斎藤　そうですか。想像力が、だんだん湧いてきましたか。

手塚治虫　湧いてくるねえ。

斎藤　ぜひ、そのお力を、われら幸福の科学の大川隆法総指揮で製作されております映画に……。

手塚治虫　だから、大川隆法さんにだね、〝鬼《おに》〟をつけるんだよ。

斎藤　鬼をつける？

手塚治虫　うん。鬼を四匹《ひき》ぐらいつけて、囲んで、逃がさないように……、いや、九匹でもいいよ。

斎藤　九匹？　しかし、そういう鬼をつけますと、手塚先生のように胃を傷《いた》めてしまうのですが。

手塚治虫　（聴聞席《ちょうもんせき》を指して）あそこにいるじゃない。一人のなかに（鬼が）九匹まとめて住んでるやつ、いるじゃないか（会場笑）（注。収録当時、幸福の科学出版社長であった九鬼一《くきはじめ》のことを指す)。

斎藤　(笑) それは出版の社長……、あっ、違います。すみません。

手塚治虫　ああ、そう、そう、そう。だから、あの社長をだね、(大川隆法のところに)「住み込み」にして、見張らせるんだよ。

それで、鞭《むち》打つんだ。「そら、描かんかい!」って言って、毎日毎日ストーリーを……。

斎藤　いやいや。お優《やさ》しい人ですから、そういうことはありません。

「ご縁《えん》があるから、ちょっとぐらいは手伝う」

手塚治虫　やっぱり、胃ガンになるまで働かせないと駄目だよ。

斎藤　そういうギリギリの状態で作品を制作すると、心の余裕《よゆう》のようなものはない感じですかね。

手塚治虫　いや、人間って、基本的に怠《なま》け者《もん》なんだよ。だから、それは鬼であって鬼じゃないんだ。鬼であって仏なんだよ、実はな。

斎藤　また、これも〝逆転〟ですか？

手塚治虫　そうなんだよ。（手塚治虫の作品のタイトル数が）七百だか何だか知らんけど、マンガを描くにしたって、普通《ふつう》の人は、そんなに描けやしないよな。とてもじゃないけど、それほど思いつかないし、アイデアは出てこないし、みんな遅筆《ちひつ》を言い訳にして描けないよ。だけど、巨大《きょだい》な借金を背負って編集者に追いまくられたら、やっぱり描かざるをえない。鬼であって仏なんだよな、実はな。だから、君らが今、一生懸命〝借金〟をつくってるんだろう？　弟子《でし》たちが頑張《がんば》って、一生懸命、〝借金〟を増やしてるらしいじゃないか。

斎藤　そんなことはないです。

手塚治虫　事業を拡大して、赤字を拡大して、（大川隆法）先生を働かせてるらしいじゃないか。それはすごい。君ら、〝仏の業《わざ》〟を、〝鬼の顔〟をしてやってるんだよ。

斎藤　いえいえいえいえ。

手塚治虫　君らが増えれば増えるほど、先生は働かざるをえないようになってるから、これは〝いい構造〟だよ。これは死ぬまで働く。

斎藤　いや、われわれは大川総裁を支えて、本当に身を粉《こ》にして……。

手塚治虫　で、君の隣《となり》にいる人（鴇田）なんか、売れないマンガばっかり企画《きかく》するから、全然儲《もう》からんだろうしさあ。

斎藤　いえいえ。（鴇田に）ちょっと、何か〝反撃《はんげき》〟しないとまずいですよ（鴇田の背中を強く叩《たた》く）。

鴇田　（笑）

手塚治虫　そら、先生はもっと働かなきゃいけない。彼（鴇田）が億も売れるようなマンガを出したら、先生は左団扇《うちわ》で、遊んで暮らせるじゃないの。そんなことをしたら、やっぱり師を偉《えら》くできないから、赤字をつくるようなマンガを一生懸命、発行するように、（幸福の科学出版）社長に勧《すす》める。そうすると、先生が働いて稼《かせ》がなきゃいけない。これで偉大《いだい》な仏陀が誕生するんだよ、君。

斎藤　やはり、私たちとは方針が少し違うようで……（苦笑）。

手塚治虫　まあ、でも、せっかくの「ご縁《えん》」だからさ、ちょっとぐらいは何か手伝うよ。ちょっとぐらいは手伝う。

斎藤　ちょっとぐらいは手伝っていただけますか。

手塚治虫　うーん、うん。ちょっとぐらい、「イメージ」をな。

斎藤　ありがとうございます。

手塚治虫　やっぱり、「二次元イメージ」が欲しいんでしょ？

斎藤　はい。

手塚治虫　だから、そういう登場人物の「キャラクターの雰囲気《ふんいき》」とか、「形」とか、こういうのが何か欲しいんでしょ？

斎藤　はい。

手塚治虫　そういう描写《びょうしゃ》が欲しいわけでしょ？　あれば描けるんでしょ？　そうい

うのがちょっと足りないね。だから、それはちょっと考えるよ。僕《ぼく》、考える。

磨《みが》くべきものは「エンターテインメント性」

斎藤　幸福の科学の映画を製作するに当たっては、映画監督をはじめ、メディア文化事業局長や担当のスタッフなどがいますし、大川隆法総裁が製作総指揮であります。

　また、大川総裁のご長男である大川宏洋《ひろし》さんが中心に、実写映画「ファイナル・ジャッジメント」をつくっておられますので、創作のパワーを、ぜひひとつ、ご指導いただければと思います。

映画「ファイナル・ジャッジメント」(2012年6月公開／製作総指揮・大川隆法／企画：大川宏洋／幸福の科学出版／日活)のワンシーン。アジアの独裁国家、オウラン人民共和国が突如日本を占領し、極東省として編入することを、総督のラオ・ポルトが宣言する。緊迫度を増す昨今の極東情勢の危機を暗示するような予言的内容だった。

手塚治虫　そうねえ、彼（大川宏洋）は、もうちょっと〝揉《も》んで〟やらないと。

斎藤　えっ、揉んでやる？　ちょっと微妙《びみょう》な言い方ではありますが……。

手塚治虫　〝揉んで〟やらないかんとこがあるから。もうちょっと、〝塩揉み〟にしないと。

斎藤　そうですか。宏洋さんはたいへん尊い才能、天才性をお持ちの方で、大川総裁に「鬼才《きさい》」といわれていますけれども。

手塚治虫　ええ。まあ、「鬼才」だから鬼だろ？

斎藤　いや（苦笑）、どうして、そこにこだわるんですか。非常によろしくない方向に……。

手塚治虫　やっぱり、マンガには、何と言うか、「エンターテインメント性」を、もうちょっと磨《みが》かなきゃいけないもんがある。

斎藤　エンターテインメント性ですね？

手塚治虫　うん。だから、この教団にちょっと足りない部分があるんだよな、そこに。

斎藤　エンターテインメント性のところを強化したほうがいいと？

手塚治虫　それが世界的に、普遍《ふへん》的になるようなエンターテインメント性を持ちつつ、一種の「教養マンガ」でなければいけないわけよね。

斎藤　なるほど。

手塚治虫　だから、そのへんが難しいとこだね。あんまり〝でたらめ度〟が高いと信用されなくなるからね。

斎藤　なるほど。

手塚治虫　でも、（映画の）「手塚治虫のブッダ」に文句《もんく》をつけるんだったら、幸福の科学のほうは、「仏陀伝」でお描きになったらどうですか？　仏陀伝でスペクタクルが描けるんだったら、大したもんですよ。（仏陀伝には）面白いものが何にもないですから。

斎藤　しかし、映画「仏陀再誕」にはＵＦＯも出てきます。かなりＳＦの要素もあり、先ほど述べていた善悪の転換《てんかん》もあり、いろいろなファクター（要素）があるので、非常にスペクタクル性もあります。

ただ、さらに手塚先生からご指導いただければ、なおありがたいかと存じますので、ぜひよろしくご指導いただければと思います。

手塚治虫　うーん、そうやな。まあ、みんなの依頼《いらい》があるなら、ちょっと考えてみるわな。

斎藤　はい。それでは、長時間どうもありがとうございました。

手塚治虫　うんうん。君（斎藤）、ほんとにマンガみたいな顔してるなあ。

斎藤　（笑）いや、また、あんまりいじらないでください。
手塚治虫　へへへへへッ。
斎藤　ありがとうございました。
手塚治虫　ああ、はい。

11　手塚治虫の霊言《れいげん》を終えて

大川隆法　ありがとうございました。はい、こういうことでした。うーん、マンガ家に口だけでしゃべらせても無理でしょうか。やはり、絵で表現しないといけないのかもしれません。

（栗崎に）何、タヌキだって？

栗崎　そのような感じがしました。

大川隆法　（笑）タヌキに似ていて……。

栗崎　ぽっちゃりとされていました。

大川隆法　ぽっちゃりと……（笑）。最近、お腹《なか》が出ているんですよ。ごめんね。似ているかもしれません。

栗崎　いえいえ。

大川隆法　うーん、タヌキねえ。

（栗崎に）向こうには、あなたが〝キツネ〟に見えているんだよ。

栗崎　でも、「動物ですか？」と訊《き》いたときに、「ああ、ばれた！」というような、すごい反応をされていました。

大川隆法　ああ、そう。じゃあ、トトロみたいなの……。

栗崎　うーん、かもしれません（会場笑）。

大川隆法　まあ、いいでしょう。「縁《えん》」をつけておけば、何かアドバイスをくれることもあると思います。マンガ家に口だけでしゃべらせるのは、気の毒だったかもしれません。

斎藤　ただ、今後、霊的な世界からご指導・ご協力いただけるようなニュアンスも、若干《じゃっかん》、感じられましたので。

大川隆法　「ちょっと」だけね。

斎藤　はい。手塚治虫さんには、ぜひ、霊的なご指導で協力いただければ幸いかと存じます。

本日は、まことにありがとうございました。

あとがき

「鉄腕アトム」など未来性を予見させるマンガでブームを起こして、マンガ家の地位を高めた手塚氏は、一種の教養マンガのジャンルまで踏み込んだ方《かた》だと思う。

実をいうと、私も小学生時代、週刊のマンガ誌を四誌以上読んでいて、生家《せいか》の離《はな》れ二階の押し入れには、マンガの蔵書《ぞうしょ》が五百冊以上あったので、近所の子供たちが、不法侵入《ふほうしんにゅう》（？）して、上がり込んでマンガを勝手に読んでいる状態だった。

アニメを日本に定着させようと努力された頃から、創作家兼事業家の手塚氏の苦しみは始まったと思う。今の私にも痛いようにその気持ちは分かる。

自分の説法や本で、講談社＋新潮社＋文藝春秋社の社員が食べていけるぐらいの事業をやっているかと思うと、「創造力の秘密」とは、一生のテーマと思えるほどだ。私が製作総指揮した十作目の映画「天使に〝アイム・ファイン〟」公開初日に、この文を書いている不思議に驚きを感じている。

二〇一六年　三月十九日

幸福《こうふく》の科学《かがく》グループ創始者兼総裁《そうししゃけんそうさい》　大川隆法《おおかわりゅうほう》

『手塚治虫の霊言』大川隆法著作関連書籍

『太陽の法』（幸福の科学出版刊）
『創造の法』（同右）
『ドラキュラ伝説の謎に迫る』（同右）
『「宇宙の法」入門』（同右）
『水木しげる　妖怪ワールドを語る』（同右）
『「宮崎駿アニメ映画」創作の真相に迫る』（同右）
『項羽と劉邦の霊言　劉邦編――天下統一の秘術』（同右）
『レプタリアンの逆襲Ⅰ』（同右）
『レプタリアンの逆襲Ⅱ』（同右）

※左記は書店では取り扱っておりません。最寄りの精舎・支部・拠点までお問い合わせください。

『ベガ・プレアデスの教育について訊く』（宗教法人幸福の科学刊）

手塚治虫《てづかおさむ》の霊言《れいげん》

――復活した〝マンガの神様〟、夢と未来を語る――

2016年3月30日　初版第1刷

著　者　　大《おお》　川《かわ》　隆《りゅう》　法《ほう》

発行所　　幸福の科学出版株式会社

〒107-0052 東京都港区赤坂2丁目10番14号
TEL(03)5573-7700
http://www.irhpress.co.jp/

印刷・製本　株式会社 堀内印刷所

落丁・乱丁本はおとりかえいたします

ISBN978-4-86395-778-7 C0070

写真：時事通信フォト／朝日新聞社／時事通信フォト／ Giovanni Benintende/Shutterstock.com
S_L/Shutterstock.com ／ Panimoni/Shutterstock.com ／ Photobank gallery/Shutterstock.com

大川隆法 霊言シリーズ・人類の「未来ビジョン」を示す

H・G・ウェルズの未来社会透視リーディング

2100年――世界はこうなる

核戦争、世界国家の誕生、悪性ウイルス……。生前、多くの予言を的中させた世界的SF作家が、霊界から100年後の未来を予測する。

1,500円

SF作家 小松左京の霊言 「日本沈没」を回避するシナリオ

SFで描かれた未来が現実に!?　映画「日本沈没」の原作者が天上界から贈る、驚愕の近未来予測。天変地異や他国からの侵略を回避する術とは?

1,400円

ロケット博士・糸川英夫の独創的「未来科学発想法」

航空宇宙技術の開発から、エネルギー問題や国防問題まで、「逆転の発想」による斬新なアイデアを「日本の宇宙開発の父」が語る。

1,500円

大川隆法ベストセラーズ・仏陀の悟りとは何か

仏陀再誕

縁生の弟子たちへのメッセージ

我、再誕す。すべての弟子たちよ、目覚めよ──。二千五百年前、インドの地において説かれた釈迦の直説金口《じきせつこんく》の教えが、現代に甦る。

1,748円

釈迦の本心

よみがえる仏陀の悟り

釈尊の出家・成道を再現し、その教えを現代人に分かりやすく書き下ろした仏教思想入門。読者を無限の霊的進化へと導く。

2,000円

永遠の仏陀

不滅の光、いまここに

すべての者よ、無限の向上を目指せ──。大宇宙を創造した久遠仏が、生きとし生ける存在に託された願いとは。

1,800円

※表示価格は本体価格（税別）です。

大川隆法シリーズ・**最新刊**

南原宏治の「演技論」講義

天使も悪役も演じられなければ、本物になれない――。昭和を代表する名優・南原宏治氏が、「観る人の心を揺さぶる演技」の極意を伝授！

1,400円

経営とは、実に厳しいもの。

逆境に打ち克つ経営法

豪華装丁
函入り

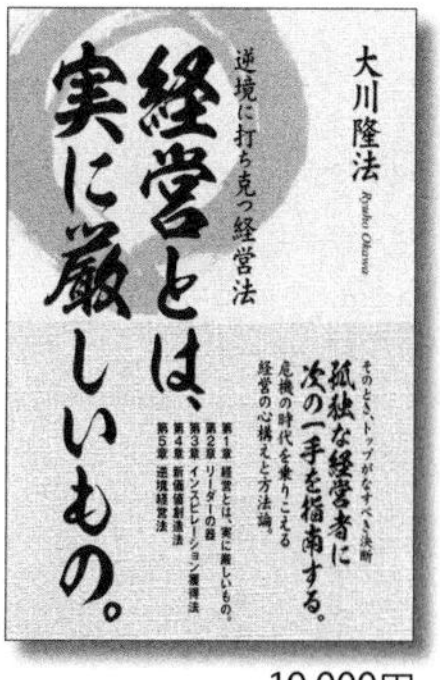

危機の時代を乗り越え、未来を勝ち取るための、次の一手を指南する。「人間力」を磨いて「組織力」を高める要諦が凝縮された、経営の必読書。

10,000円

「アイム・ファイン！」になるための7つのヒント

いつだって、天使はあなたを見守っている

人間関係でのストレス、お金、病気、挫折、大切な人の死――。さまざまな悩みで苦しんでいるあなたへ贈る、悩み解決のためのヒント集。

1,200円

天使は、見捨てない。
天使に
I'm fine!
アイム・ファイン
製作総指揮/大川隆法
雲母(きらら)　芦川よしみ　金子昇　清水一希　合香美希
原作/『アイム・ファイン』大川隆法(幸福の科学出版)
監督・脚本/園田映人　音楽/大門一也　製作:ニュースター・プロダクション　制作プロダクション:ジャンゴフィルム　配給:日活　配給協力:東京テアトル
©2016ニュースター・プロダクション
5つの傷ついた心に、奇跡を起こす ―
G
3.19(SAT)ROADSHOW
www.newstar-pro.com/tenshi/
NIKKATSU

幸福の科学グループのご案内

宗教、教育、政治、出版などの活動を通じて、
地球的ユートピアの実現を目指しています。

幸福の科学

一九八六年に立宗。信仰の対象は、地球系霊団の最高大霊、主エル・カンターレ。世界百カ国以上の国々に信者を持ち、全人類救済という尊い使命のもと、信者は、「愛」と「悟り」と「ユートピア建設」の教えの実践、伝道に励んでいます。

（二〇一六年三月現在）

愛

幸福の科学の「愛」とは、与える愛です。これは、仏教の慈悲《じひ》や布施《ふせ》の精神と同じことです。信者は、仏法真理をお伝えすることを通して、多くの方に幸福な人生を送っていただくための活動に励んでいます。

悟り

「悟り」とは、自らが仏の子であることを知るということです。教学《きょうがく》や精神統一によって心を磨き、智慧《ちえ》を得て悩みを解決すると共に、天使・菩薩《ぼさつ》の境地を目指し、より多くの人を救える力を身につけていきます。

ユートピア建設

私たち人間は、地上に理想世界を建設するという尊い使命を持って生まれてきています。社会の悪を押しとどめ、善を推し進めるために、信者はさまざまな活動に積極的に参加しています。

国内外の世界で貧困や災害、心の病で苦しんでいる人々に対しては、現地メンバーや支援団体と連携して、物心両面にわたり、あらゆる手段で手を差し伸べています。

年間約３万人の自殺者を減らすため、全国各地で街頭キャンペーンを展開しています。

公式サイト www.withyou-hs.net

ヘレン・ケラーを理想として活動する、ハンディキャップを持つ方とボランティアの会です。視聴覚障害者、肢体不自由な方々に仏法真理を学んでいただくための、さまざまなサポートをしています。

公式サイト www.helen-hs.net

教育

学校法人 幸福の科学学園

学校法人 幸福の科学学園は、幸福の科学の教育理念のもとにつくられた教育機関です。人間にとって最も大切な宗教教育の導入を通じて精神性を高めながら、ユートピア建設に貢献する人材輩出を目指しています。

幸福の科学学園

中学校・高等学校(那須本校)
2010年4月開校・栃木県那須郡(男女共学・全寮制)
TEL 0287-75-7777
公式サイト happy-science.ac.jp

関西中学校・高等学校(関西校)
2013年4月開校・滋賀県大津市(男女共学・寮及び通学)
TEL 077-573-7774
公式サイト kansai.happy-science.ac.jp

仏法真理塾「サクセスNo.1」 TEL 03-5750-0747(東京本校)
小・中・高校生が、信仰教育を基礎にしながら、「勉強も『心の修行』」と考えて学んでいます。

不登校児支援スクール「ネバー・マインド」 TEL 03-5750-1741
心の面からのアプローチを重視して、不登校の子供たちを支援しています。
また、障害児支援の**「ユー・アー・エンゼル!」運動**も行っています。

エンゼルプランV TEL 03-5750-0757
幼少時からの心の教育を大切にして、信仰をベースにした幼児教育を行っています。

シニア・プラン21 TEL 03-6384-0778
希望に満ちた生涯現役人生のために、年齢を問わず、多くの方が学んでいます。

NPO 活動支援

学校からのいじめ追放を目指し、さまざまな社会提言をしています。また、各地でのシンポジウムや学校への啓発ポスター掲示等に取り組む一般財団法人「いじめから子供を守ろうネットワーク」を支援しています。

ブログ blog.mamoro.org
公式サイト mamoro.org
相談窓口 TEL.03-5719-2170

政治

幸福実現党

内《ない》憂《ゆう》外《がい》患《かん》の国難に立ち向かうべく、二〇〇九年五月に幸福実現党を立党しました。創立者である大川隆法党総裁の精神的指導のもと、宗教だけでは解決できない問題に取り組み、幸福を具体化するための力になっています。

幸福実現党 釈量子サイト
shaku-ryoko.net

Tiwitter
釈量子@shakuryoko
で検索

党の機関紙
「幸福実現NEWS」

幸福実現党 党員募集中

あなたも幸福を実現する政治に参画しませんか。

○幸福実現党の理念と綱領、政策に賛同する18歳以上の方なら、どなたでも党員になることができます。
○党員の期間は、党費（年額 一般党員5千円、学生党員2千円）を入金された日から1年間となります。

党員になると

党員限定の機関紙が送付されます。
（学生党員の方にはメールにてお送りします）
申込書は、下記、幸福実現党公式サイトでダウンロードできます。

住所：〒107-0052
東京都港区赤坂2-10-8 6階
幸福実現党本部

TEL **03-6441-0754**
FAX **03-6441-0764**
公式サイト **hr-party.jp**
若者向け政治サイト **truthyouth.jp**

出版
メディア
事業

幸福の科学出版

大川隆法総裁の仏法真理の書を中心に、ビジネス、自己啓発、小説など、さまざまなジャンルの書籍・雑誌を出版しています。他にも、映画事業、文学・学術発展のための振興事業、テレビ・ラジオ番組の提供など、幸福の科学文化を広げる事業を行っています。

アー・ユー・ハッピー？
are-you-happy.com

ザ・リバティ
the-liberty.com

幸福の科学出版
TEL **03-5573-7700**
公式サイト **irhpress.co.jp**

THE FACT
ザ・ファクト
マスコミが報道しない
「事実」を世界に伝える
ネット・オピニオン番組

Youtubeにて
随時好評配信中！

ザ・ファクト　検索

NEW STAR PRODUCTION

ニュースター・プロダクション

ニュースター・プロダクション(株)は、世界を明るく照らす光となることを願い活動する芸能プロダクションです。二〇一六年三月には、ニュースター・プロダクション製作映画「天使に〝アイム・ファイン〟」を公開。

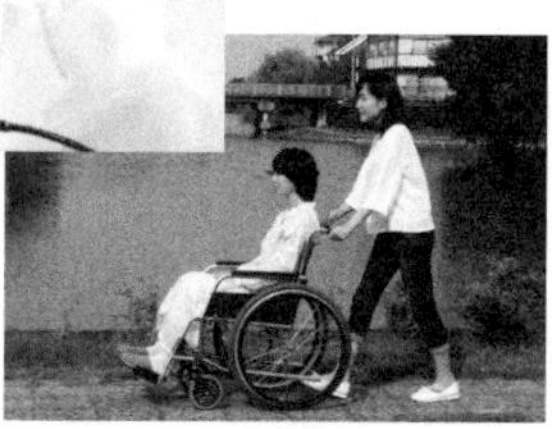

映画「天使に〝アイム・ファイン〟」のワンシーン(下)と撮影風景(左)。

公式サイト
newstar-pro.com